郷土読本 行徳の歴史・文化の探訪 3

鈴木和明
Suzuki Kazuaki

文芸社

序

本編は筆者の講演集の三作目です。行徳寺《ぎょうとくてら》のまち回遊展《かいゆうてん》、南行徳街《みなみぎょうとくまち》回遊展、新井小《あらいしょう》サロン、野鳥観察舎友の会、行徳ライオンズクラブ、市立幸《さいわい》小学校、行徳まちづくり協議会講座などで講演したことを収録いたしました。

「徳川家康による行徳塩の物流再編事業」は、徳川家三代《とくがわけさんだい》の将軍による行徳塩《ぎょうとくじお》の物流再編事業について考察しました。経営者の皆様方の会での講演でしたので、支配者が交替した時の政策変更に対する対処の心構えなどを勉強いたしました。

「コレラが流行して江戸川の水を飲んだ話」は、明治時代の巡査の献身的な仕事ぶりを紹介いたしました。飲み水、病院、盗掘《とうくつ》などのことをお話しいたしました。

「おとりさまが見ていた御猟場《ごりょうば》の歴史」は、自然と共存する行徳の農民と漁民の生活、日露戦争に出征《しゅっせい》する国府台《こうのだい》の騎兵隊《きへいたい》の活躍などを収録いたしました。

「浅間山《あさまやま》が大噴火して新井村《あらいむら》にお地蔵さまが祀《まつ》られた話」は、江戸川を流れ下る多数の犠牲者の遺骸《いがい》を収容して手厚く葬った新井村の人々の活躍を語りました。

「成田道《なりたみち》の昔と今」は、本行徳新河岸《ほんぎょうとくしんがし》を通過する旅人の数はいったいどのくらいだったのか試算をいたしました。成田詣《なりたもうで》が始まった時代を理解する一助となったと思います。

「徳川家康《いえやす》・松尾芭蕉《まつおばしょう》・小林一茶《こばやしいっさ》の時代の南行徳の海岸線とは!?」は、これまでの郷土史関連の文献では詳《くわ》しく触れられていなかったことを考察いたしました。南行徳街回遊展のテーマとして取り上げました。

「行徳の大火事と塩蔵学校《しおぐら》」は、江戸時代から明治時代にかけて四回もの大火に見舞われた行徳のことを取り上げました。明治の大火《たいか》ではお寺の本堂が焼けてそこを校舎としていた小学生たちが提供された塩蔵を教室として勉強していたことをお話しいたしました。

「伊能忠敬《いのうただたか》・葛飾北斎《かつしかほくさい》・行徳金堤《ぎょうとくきんてい》の接点とは!?」は、行徳塩浜を測量した伊能忠敬と行徳金堤との接点を中心として行徳塩浜の地理をお話しいたしました。

「災害について ——大正六年の大津波」は、小学校四年生の総合学習での講話です。実体験を基にした資料を参考にして子どもたちと学びました。

「徳川家康と行徳塩浜」は、行徳まちづくり協議会主催講座での講演です。徳川家康が行徳を天領とした時代の塩浜と塩焼の始まりの時代、塩焼とお寺さんの関係などをお話しいたしました。行徳ふれあい伝承館開館初年を祝しての最初の講演でした。

本編に収録した話題は市川市の史料が少なく、また言及した論文や図書がないため、断片的な資料や記述などをつなぎ合わせましたので、筆者の推論部分が多いものです。少ない手がかりから仮説を立て推論することは大胆な行為ですが、本編の内容は的《まと》を射《い》ているものと確信しています。

講演のチャンスをくださった皆様方に感謝申し上げますとともに今後ともご活躍されますよう祈念《きねん》いたします。

鈴木和明

二〇一九年四月吉日

郷土読本　行徳の歴史・文化の探訪3◉目　次

コレラが流行して江戸川の水を飲んだ話

——新井《あらい》小《しょう》サロン講演「新井の昔話」

「おとりさま」が見ていた御猟場の歴史

――ＮＰＯ法人 野鳥観察舎友の会公開講座

浅間山が大噴火して新井村にお地蔵さまが祀られた話

——新井小サロン「新井の昔話　アライの昔はどんな土地」

成田道の昔と今

――第七回　行徳　寺のまち回遊展講座

徳川家康・松尾芭蕉・小林一茶の時代の南行徳の海岸線とは⁉

――第十九回　南行徳街回遊展講座　南行徳市民センター

行徳の大火事と塩蔵学校

――第八回　行徳　寺のまち回遊展講座

伊能忠敬・葛飾北斎・行徳金堤の接点とは!?

――第十回　行徳　寺のまち回遊展講座
「伊能忠敬と葛飾北斎」を改題

災害について——大正六年の大津波

——市川市立《いちかわしりつ》幸《さいわい》小学校《しょうがっこう》四年生《よねんせい》総合学習《そうごうがくしゅう》

徳川家康と行徳塩浜
——行徳まちづくり協議会主催講座

徳川家康による行徳塩の物流再編事業

――行徳ライオンズクラブファイナル例会講演

本稿では、時の政府の方針により、物流、生産、企業活動などに、村や個人の努力を超越した力が働くということを述べたいと思います。

徳川家康《とくがわいえやす》とその参謀《さんぼう》たちは、政治的、経済的に本行徳村《ほんぎょうとくむら》を中心とする行徳領《ぎょうとくりょう》の支配体制を確立することを目指していたと推察できます。

江戸時代初期の行徳の昔にあった栄枯盛衰《えいこせいすい》を知ることによって、現代の企業活動の参考にしてみてはいかがでしょうか。

1　徳川家康が行徳を天領《てんりょう》とした時までの状況（天正《てんしょう》十八年〈一五九〇〉以前）

別図1「戦国時代の塩の道」を参照します。

行徳七浜《ぎょうとくななはま》と呼ばれた塩づくりで生計を立てる七つの村がありました。

※行徳七浜――稲荷木《とうかぎ》・大和田《おおわだ》・河原《かわら》・本行徳・田尻《たじり》・高谷《こうや》・妙典《みょうでん》の七カ村《ななかそん》（『葛飾風土史 川と村と人』）。

※小田原北条《おだわらほうじょう》氏が一五九〇年に豊臣秀吉《とよとみひでよし》によって滅びるまで、行徳七浜から塩を年《ねん》貢《ぐ》として徴収《ちょうしゅう》していました（『市川市史』第六巻上『塩浜由来書《しおはまゆらいしょ》』）。

※年貢塩《ねんぐじお》は本行徳地先の「湊《みなと》」から大船《おおぶね》に積み込んで小田原まで運んでいました（『塩浜由来書』）。

現在の行政区域の押切《おしきり》、伊勢宿《いせじゅく》は当時の江戸川河口部分に位置していて陸地としては存在しませんでした。関ケ島《せきがしま》は河口の中の島でした。

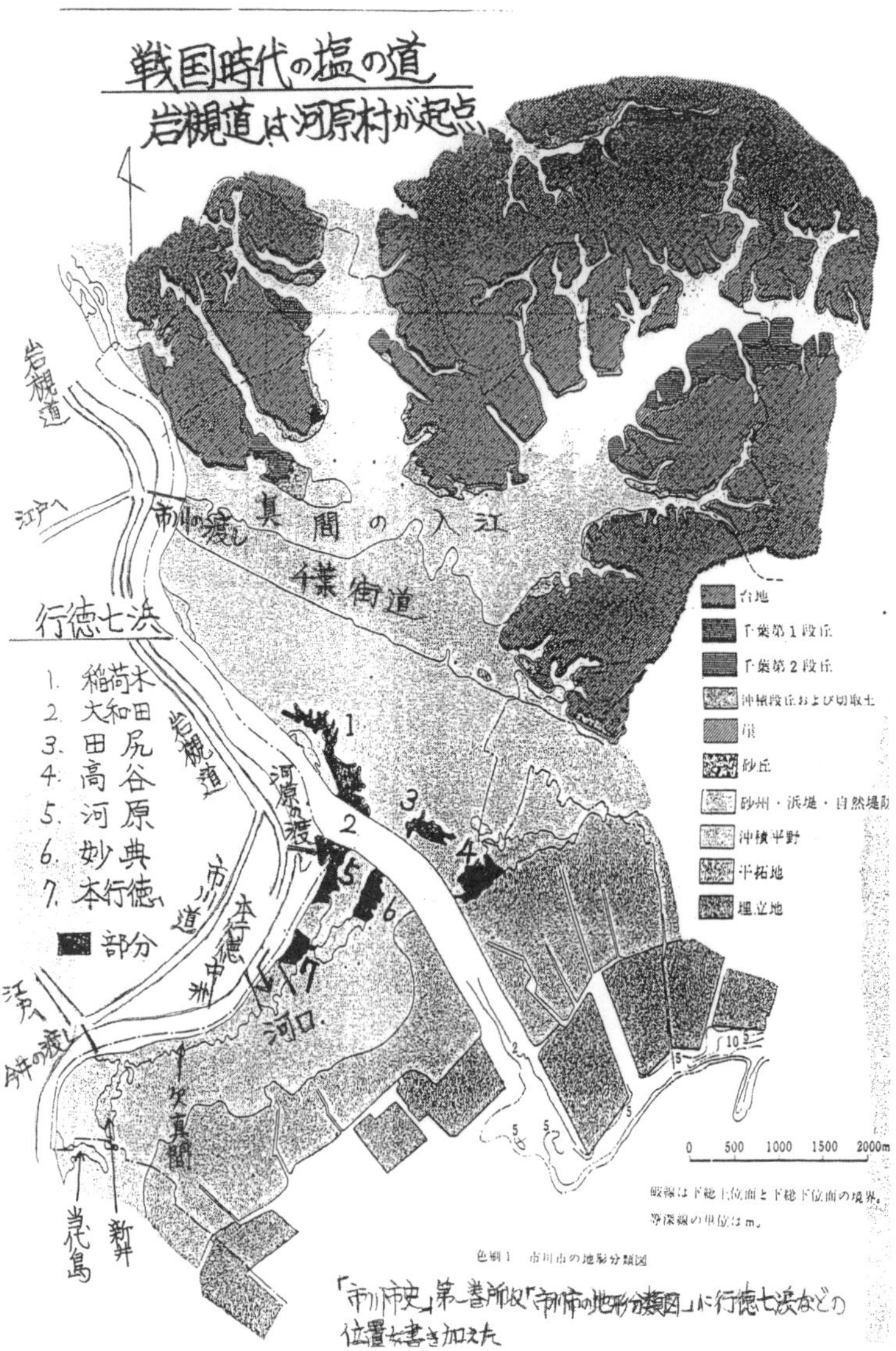

別図１　戦国時代の塩の道

本行徳村は塩焼をしていた村としては江戸川の最下流の村であり、江戸川河口があるために、その先へは行き止まりの形になっていました。

本行徳村から下流は「欠真間《かけまま》」と呼ばれた未開の荒地《あれち》でした。
※この土地は江戸川の洪水で堆積物《たいせきぶつ》が積った幅三〇～一〇〇メートルほどの自然堤防でした。その最南端に新井《あらい》がありました。
　新井と浦安の当代島《とうだいじま》の間の自然堤防は途切れていて、当代島・猫実《ねこざね》・堀江《ほりえ》はそれぞれ孤立した島でした（『郷土読本 市川の歴史を尋ねて』）。
江戸川上流から、市川《いちかわ》の渡《わた》し、河原《かわら》の渡し、今井《いまい》の渡しがありました。
※市川の渡しは江戸から佐倉道《さくらみち》を通る旅人などの房州《ぼうしゅう》への要衝《ようしょう》の渡しでした。しかし、行徳から離れていて行徳の人が利用するにはとても不便でした。
※河原の渡しは江戸から房州へ向かう旅人が大いに利用しました。江戸川区内に逆《さかさ》井《い》の渡しを渡って市川の渡しに達する（これを旧千葉街道《ちばかいどう》・旧佐倉道《さくらみち》という）手前で河原道《かわらみち》という河原の渡しに達する道が分岐していました。また、平井《ひらい》の渡しを渡って今井の渡しに達する道（これを行徳道《ぎょうとくみち》という）の手前で河原道と言う道が分岐して

河原の渡しに通じていました。房州から来た旅人が江戸へ向かう近道でした（別図2『〈江戸川区内の〉東葛西《ひがしかさい》領下之割《りょうしものわり》を通っていた街道』参照）。

※この当時の河原村は行徳七浜の中心に位置する村であり、小田原へ年貢として船積みする以外の売買可能な塩が集まる村でした。

河原の渡しは河原村から始まる「岩槻道《いわつきみち》」の出発点であり、「塩の道」と呼ばれて大いに栄えた渡しでした（『江戸川区史』第一巻）。

※今井の渡しは田中内匠《たなかたくみ》が当代島を開墾するために利用した農業渡しでした（『葛飾《かつしか》誌略《しりゃく》』）。欠真間の地は未開の地だったことから、この時代は旅人と物流には利用されていませんでした。

行徳の塩づくりの発端《ほったん》の一つは、江戸川区内にあった伊勢神宮《いせじんぐう》に寄進《きしん》された葛西御厨《かさいみくりや》篠崎郷《しのざきごう》に遷座《せんざ》された「神明社《しんめいしゃ》」の御塩《みしお》を生産するためでした（そのことを記した古文書はありません）。

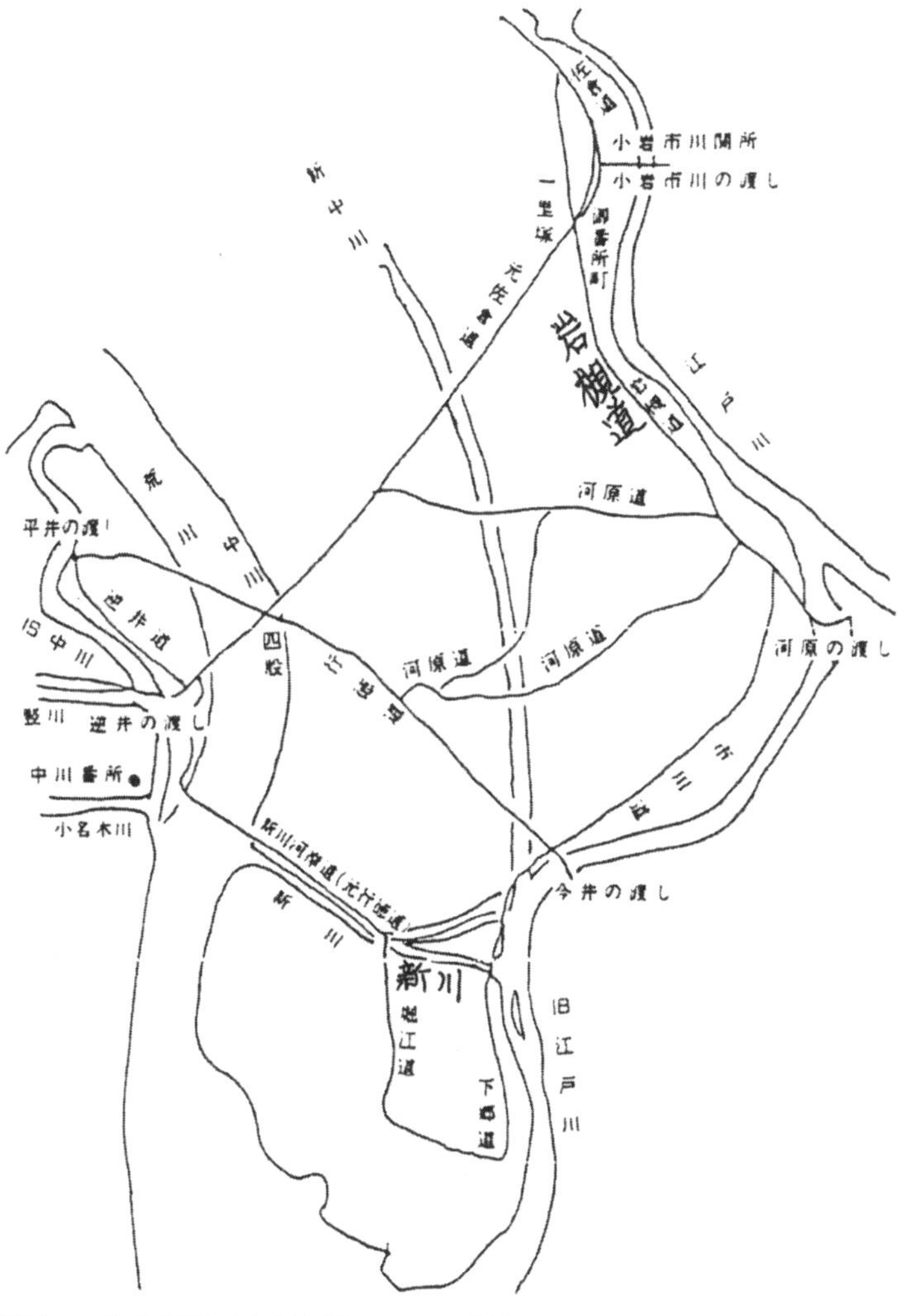

別図２　東葛西領下之割を通っていた街道
（『古文書にみる江戸時代の村のくらし　②街道と水運』）

宗教としての本行徳、河原、妙典の地には、徳川家康支配前にすでに「行徳寺町《ぎょうとくてらまち》」がほぼ出来上がっていました（別図3『砂州《さす》、浜堤《はまつつみ》、自然堤防上に建立《こんりゅう》された寺』参照）。

※徳川家康以前の寺町の寺――妙頂寺《みょうちょうじ》、妙応寺《みょうおうじ》、本久寺《ほんきゅうじ》、正讃寺《しょうさんじ》、本応寺《ほんおうじ》、円頓《えんとん》寺《じ》、妙覚寺《みょうかくじ》（以上、日蓮宗《にちれんしゅう》）、法泉寺《ほうせんじ》、信楽寺《しんぎょうじ》、教善寺《きょうぜんじ》（以上、浄土宗《じょうどしゅう》）。線は権《ごん》現道《げんみち》沿いの寺。

※徳川家康以前の寺町以外の寺――正源寺《しょうげんじ》（浄土宗）、養福院《ようふくいん》、竜厳寺《りゅうごんじ》、金剛院《こんごういん》（江戸川向こう）、自性院《じしょういん》（以上、真言宗《しんごんしゅう》）、長松寺《ちょうしょうじ》（臨済宗《りんざいしゅう》、江戸川向こう）、妙好《みょうこう》寺《じ》（日蓮宗）

※歴史探訪で著名な寺としては本行徳に浄土宗の徳願寺《とくがんじ》がありますが、この時代には創建されていませんでした。

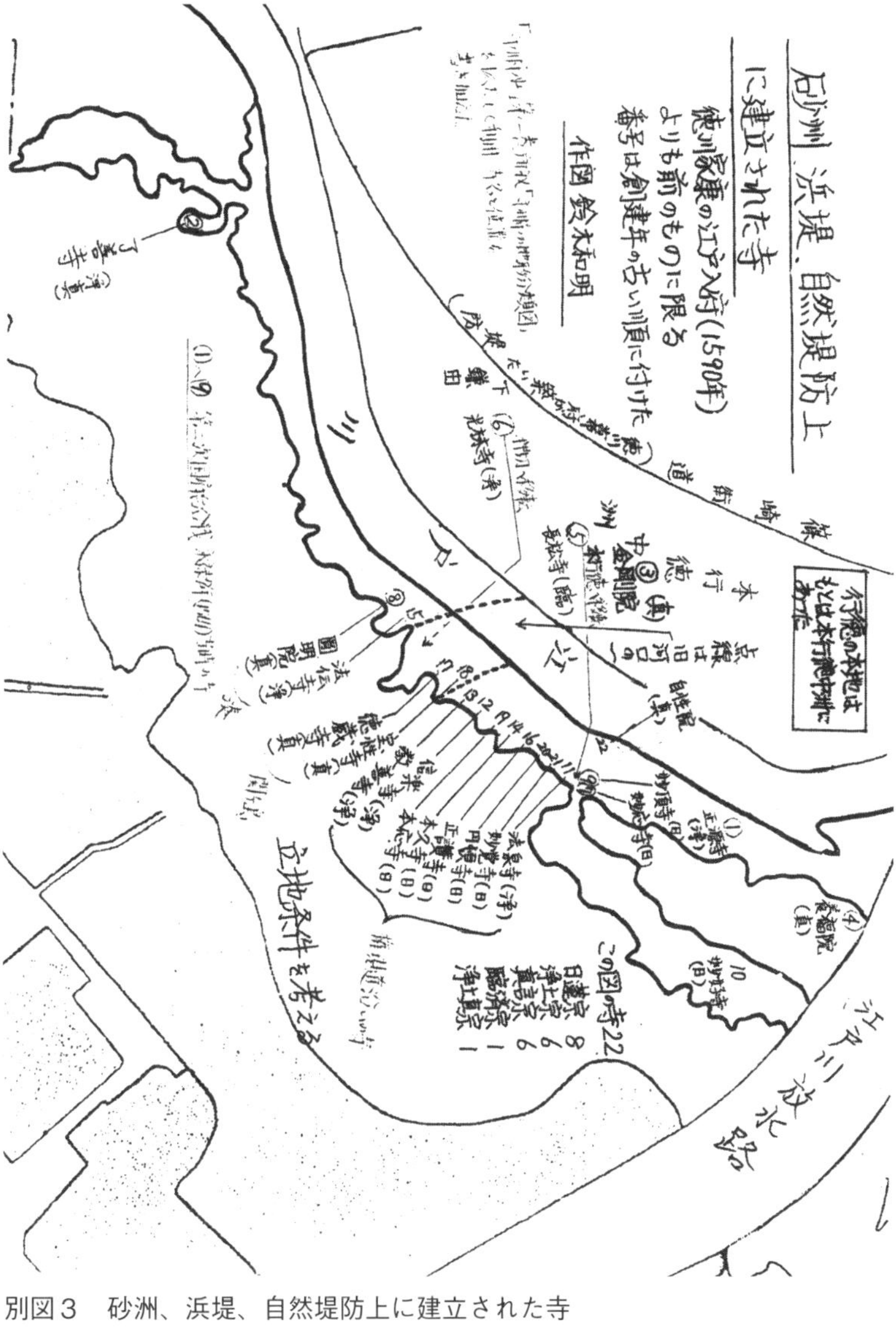

別図３　砂洲、浜堤、自然堤防上に建立された寺

2　徳川家康の施策（元和《げんな》二年四月〈一六一六年〉に家康が死ぬまで）

※徳川家康とその参謀《さんぼう》たちの行徳領の支配の構図として、本行徳村を中心とする支配の構図が明確に描かれていたものと推察できます。家康の施策はその第一段階のものと言えるでしょう。家康の時代は、塩焼《しおやき》という産業の育成を当面の課題としていたようです。

慶長《けいちょう》元年（一五九六）、農民に課される諸役を五年間免除して、それ以後は塩の生産高の一〇分の一の年貢として優遇しました。

※『市川市史』第六巻上所収「塩浜由来書」に新塩浜《しんしおはま》開発御書付写《おんかきつけうつし》があります。これは現代でいう規制緩和、免税、減税に当たるでしょう。

※慶長十三年（一六〇八）、行徳の農民に金三千両を与えて塩田開発を奨励しました（『下総行徳塩業史』）。これは現代の工業団地の造成工事が公共工事として実施されることと似ています。

この時代の河原の渡しでの旅人の通行は自由であり、塩その他の物流について何ら規制はされていませんでした。つまり、これまで通りに自由競争に任されていました。
徳川家康はこの部分にはまだ手を付けなかったということでしょう。

徳川家康は東金《とうがね》での鷹狩《たかがり》の途次、今井の渡しから欠真間の地を通過、その時に塩田開発予定地の海岸を参謀の案内で視察したものと思われます（この部分のことを記した古文書がありません）。

鷹狩に来るたびに、権現道《ごんげんみち》沿いの浄土宗法泉寺《ほうせんじ》に休憩して新塩浜開発の現状を視察しました（『葛飾誌略』）。

※この時に、徳願寺の和尚《おしょう》に寺地《てらち》を与えました（慶長十五年〈一六一〇〉）。徳願寺の故事《こじ》が『葛飾誌略』にあります。お坊さんや村の有力者たちは家康の接待に努めたことでしょう。

※欠真間では浄土宗源心寺《げんしんじ》の建立を許可しました（慶長十六年〈一六一一〉）。

徳川家康によって本行徳、下新宿《しもしんしゅく》に許可された寺は浄林寺《じょうりんじ》、大徳寺《だいとくじ》（以上、浄土宗で下新宿）、徳願寺（浄土宗）、常妙寺《じょうみょうじ》（日蓮宗）、常運寺《じょううんじ》（日蓮宗）（以上、寺町の寺）、法善寺《ほうぜんじ》（浄土真宗、権現道沿い）。

※その他の地域に許可された寺——新井の延命寺《えんめいじ》（真言宗）と新井寺《しんせいじ》（曹洞宗《そうとうしゅう》）、欠真間の源心寺《げんしんじ》（浄土宗）、伊勢宿《いせじゅく》に清岸寺《せいがんじ》（浄土宗）。

※徳川家康の宗教政策としては、浄土宗寺院の保護が手厚いことがわかります。家康の宗旨《しゅうし》が浄土宗だからでしょう。創立寺院は浄土宗が五、日蓮宗が二、真言宗が一、浄土真宗が一、曹洞宗が一の合計十ケ寺です。徳願寺御朱印《ごしゅいん》十石、源心寺御朱印六石は行徳では破格の朱印地です。

徳川幕府の行徳塩浜の位置付けとしては、「軍用第一」「御領地一番の宝」「江戸城中にこれあるも同前の儀」「江戸《えど》表《おもて》武家町家平日の助けにまかりなり軍用第一の儀」というものでした（『塩浜由緒書』『塩浜由来書』）。

3　徳川秀忠と家光の施策（徳川家康死後から寛永《かんえい》年間）

※家康の描いたビジョンを引き継ぐとともに、家康の死後はこれまでになかった厳し

い規制を強める施策が打ち出されました。それは自由競争の廃止と通行の自由の抑制、物流を陸運から舟運《しゅううん》へと変更したことです。

家康の死後すぐに二代将軍秀忠《ひでただ》は「定《さだめ》」（元和二年〈一六一六〉八月）を出して河原の渡しで旅人を渡すことを禁止しました（『葛飾誌略』）。家康が死んだ四カ月後のことでした。

※つまり、定船場《じょうせんば》に指定されていなかった河原の渡しは農業渡しだけに制限されました。本行徳の船会所《ふねかいしょ》から監視役の役人が出張るという念の入れようでした（『葛飾誌略』）。旅人その他は本行徳からの長渡船《ちょうとせん》で江戸への往復をするしかありませんでした。

※河原村から関東奥地へ出荷していた塩その他の陸運での物流はできなくなり、本行徳村からの舟運へと変更されました。

※この「定」の実施は河原村にとって大打撃だったことでしょう。古来からの利権を失い、先祖代々の稼業の一部がなくなったからです。

元和三年（一六一七）、徳川秀忠が、行徳領塩浜開発手当金二千両を農民に与えました（『下総行徳塩業史』）。

※このお金は江戸川河口を現在の浦安方面に変更する工事や欠真間地域の塩田開発の費用に充てられたことでしょう（このことを記した古文書はありません）。

三代将軍徳川家光《いえみつ》の時、寛永二年（一六二五）江戸川変流工事が完成しました（『葛飾風土史 川と村と人』）。

※この時に、本行徳村の南、関ヶ島村との境に新規に旅人と手荷物専用の船着場を設けました。埋立地の押切には貨物専用の行徳河岸《ぎょうとくがし》（祭礼河岸《さいれいがし》）を設置しました。押切の寺は徳川家と同宗の浄土宗光林寺でした。

※本行徳村と押切村に新しい利権ができたと言っていいでしょう。

河口変更ができたことにより、本行徳村が地理的にも行徳の中心に位置することとなりました。徳川家康とその参謀たちが考えていた行徳領の支配の構図が出来上がったと言えます。

寛永五年（一六二八）、徳川家光が、行徳領塩浜開発手当金千両を農民に与えました（『下総行徳塩業史』）。

※このお金は欠真間、新井、当代島地域の塩田開発資金であるとともに、これまでの行徳の農民の働きに対する報奨金の意味もあったのではないでしょうか。

なぜならば、公共投資というお金の雨が降らなければ塩業という産業が育たなかったからです。このことは現代の政策にも当てはまることでしょう。

寛永六年（一六二九）十月、最初の塩浜検地《しおはまけんち》（古検《こけん》と言います）が実施されました（『塩浜由来書』）。

※塩年貢永六百四貫八百六十七文、五分の一を現物の塩で納め、五分の四を現金で納める制度でした。税率はおよそ一五％であり、とても優遇されていたと言えます（『明解 行徳の歴史大事典』）。

※これまでに公共投資した分は税収として徴収するということです。

同年、川幅二十間の新川《しんかわ》を掘り、船堀川《ふなぼりがわ》を直線の通行しやすい川にしました（『葛西志』）。

※それまでは川幅が狭くて急流であり、船が壊れる事故がたびたびあったからでした。

寛永八年（一六三一）十月、今井の渡しが正式に許可されました（『千葉県東葛飾郡誌』）。

今井の渡しはそれ以前から田中内匠の農業渡しとして存在したのですが、正式な許可を与えることで規制を強化しました。

※許可することにより、旅人は一切渡さず農業渡しだけに限定されました。それまでは旅人も利用していたことでしょう。河原の渡しと同様の扱いでした。

※許可から十三年後の正保《しょうほう》元年（一六四四）に今井の渡しを渡って江戸へ行こうとした旅人が捕まって見せしめのために磔《はりつけ》にされてしまいました。これは、ねね塚という伝説になりました（『葛飾誌略』）。

寛永九年（一六三二）、本行徳村が他村に勝ち、行徳船の独占航路が決定されました（『葛飾誌略』）。当初は十六艘で始まりました。

それまでは、江戸と本行徳の間の長渡船《ちょうとせん》は誰もが運航できる自由競争でしたが、これにより本行徳村の運航する行徳船しか営業できなくなりました。

※本行徳村に「船頭」という幕府に職業と収入を保護された村人が現れました。
※行徳船は番船《ばんぶね》ともいわれ、通行する船や乗っている旅人を監視する役目もありました。幕府御用の船でした。
※行徳船の制度は、幕府にとっては舟運を管理する上ではとてもよいシステムだったと言えるでしょう。
寛永十年（一六三三）、幕府は、川船奉行を置き、川船すべてに極印《ごくいん》を打ち年貢を徴収しました。
※これにより舟運の支配体制が整いました。ただし、行徳船に極印はされませんでした。
寛永十二年（一六三五）、本行徳中洲《なかす》にあった神明社を本行徳（一丁目）の現在地へ遷座しました（『葛飾誌略』）。

※行徳塩浜十五ケ村の総鎮守としました。もともとは行徳七浜の鎮守でした。塩を焼いて売って儲かればよいという感覚の新興塩田地帯の農民にとっては迷惑なことだったことでしょう。なぜならば、各村にはその村の鎮守があるからです。

※この年、参勤交代制度が導入されました。房州の大名の中には行徳船を利用する者もありました。

徳川家光に許可された寺は湊の善照寺《ぜんしょうじ》（浄土宗）、本行徳の浄閑寺《じょうかんじ》（浄土宗）の二ケ寺のみ。

※以後、行徳地域での寺院の建立は、元禄《げんろく》八年（一六九五）下妙典村《しもみょうでんむら》の清寿寺《せいじゅじ》（日蓮宗）まで途絶えます（『葛飾誌略』）。

寺院の創建が途絶えたということは、塩焼という産業の発展が頭打ちとなり、人口の増加が少なくなったということを示しています。三代将軍徳川家光の時代になって行徳領の支配体制が完了したと言っていいでしょう。

4　河原村の栄枯盛衰

中世以来、河原村は地理的に行徳塩浜の中心に位置し、関東奥地の要衝の地である岩槻への塩の道の出発点として大いに栄えた村と言えます（このことを記した古文書はありません）。

また、江戸その他の武蔵国《むさしのくに》への塩の輸送も、河原の渡しを使って江戸川区内などを馬により運送する陸送でした。江戸川区の鎌田《かまだ》には江戸時代中期になっても馬市の立った跡が残されていました（『葛飾記』）。

ところが徳川家康が行徳領を天領とした時に、すでに、行徳領の支配の構図が描かれていたと推察できます。

その中に、河原村の利権をすべて本行徳村へ移す構想がありました。このことを事前に河原村の有力者たちに伝えていたかどうかは不明です。

ただ言えることは、それまでの秩序が大きく変更され、それに翻弄《ほんろう》され涙を呑んだ人々がたくさんいただろうことは推測ができます。

これはいつの時代であっても同じようなことが起こるということを教えてくれているのではないでしょうか。

このような大きな流れを事前に察知し、適切に対処し、産業や商売を持続させ、地域の発展に寄与できるようにすることが企業経営者としてはとても大切なことではないでしょうか。

行徳ライオンズクラブの方々が企業活動で大いに儲けていただいて、その利益の一部を奉仕活動の資金として地域の人々に還元されていることに感謝申し上げますとともに、今後のご活躍をご期待申し上げて講演を終わりたいと思います。ご静聴ありがとうございました。

参考文献

『市川市史』第一巻、第二巻、第六巻
『郷土読本 市川の歴史を尋ねて』
『葛飾風土史 川と村と人』

『江戸川区史』第一巻
『古文書にみる江戸時代の村とくらし　②街道と水運』
『葛飾誌略』
『葛飾記』
『下総行徳塩業史』
『葛西志』
『浦安町誌 上』
『明解 行徳の歴史大事典』
『郷土読本 行徳の歴史・文化の探訪1』
『詳解 行徳歴史年表』

コレラが流行して江戸川の水を飲んだ話

――新井《あらい》小《しょう》サロン講演「新井の昔話」

今日は、浦安や行徳でコレラが大流行したお話をしたいと思います。この時に警察官が殉職《じゅんしょく》しています。皆さんご存じの現在の東京ベイ浦安・市川医療センターの前身の病院はコレラなどの流行病対策のために建てられたものです。

1 警察官が殉職したほどの災厄だった

千葉県市川市本塩《ほんしお》の浄土真宗《じょうどしんしゅう》西本願寺派《にしほんがんじは》仏性山法善寺《ぶっしょうざんほうぜんじ》というお寺さんに、仕事中に亡くなった警察官の顕彰碑《けんしょうひ》があります（『市川市の石造物』）。

平成二十五年（二〇一三）秋のこと、法善寺のご住職さんを訪ねて、講演のテーマとして扱うことの許しを乞いました。住職さんは快諾され、もう世間に公表してもいいでしょう、とおっしゃいました。ですから、講演などで公開されるのは今回が初めてになります。
碑文《ひぶん》は次の通りです。

瀧政吉《たきせいきち》君之《の》墓

千葉縣巡査瀧君墓表《ぼひょう》
君名政吉瀧氏廣島縣人為《くんめいせいきちたきうじひろしまけんじんのため》千葉縣巡査服務《ちばけんじゅんさふくむ》弗懈
明治十九年夏秋之交悪疫為虐《あくえきのためぎゃく》東葛飾郡瀬海《せうみ》最
極惨毒《さんどく》時君駐在本行徳分署《きみちゅうざいほんぎょうとくぶんしょ》従事検疫《けんえき》日夜拮据《きっきょ》
不遑眠食者《ふこうみんしょくは》十数日遂染疫病五日乃没《ついにしみえきびょういつかのぼつ》實為八月
八日其病也官賜治療費《ちりょうひ》若干金警部長《けいぶちょう》小林君親
臨病蓐其没也官賜吊祭資若干金遺族扶助料《いぞくふじょりょう》若
干金官長及僚友賻贈《ぶぞう》又若干金其葬也警部長以
下送柩者《おくるひつぎをもの》数十人蓋愍《がいびん》其死職而敬之也君没年《きみぼつねん》三
十三蔵骨《ぞうこつ》行徳法善寺塋域《えいいき》同僚相謀《あいはかり》建石表墓徴

余撰文因叙其梗概如右
千葉縣書記官正六位勲六等岩佐為春篆額
東京藤田海撰文　千葉浅田讃蔵書
明治二十年四月建

千葉縣巡査瀧君墓表

墓表碑文についてお話しします。

瀧巡査は広島県人とわかります。法善寺のご住職さんのお話では、広島という所はお西《にし》さん（西本願寺門徒）のとても多い土地柄なんだそうです。その関係で法善寺さんに葬られたということです。

亡くなったのは明治十九年（一八八六）八月八日で、その時、三十三歳ですので、明治維新の時には十四歳だったわけです。その当時の人としては立派な大人です。私は瀧巡査の出自《しゅつじ》は武士だと考えているのですが、もし武士だとしたら元服《げんぷく》をして親にしたがって東海道を官軍の一員として江戸へ出てきたのでしょう。それとも江戸詰《えどづめ》の武士の家族として江戸にいたのでしょうか。いずれにしても武士階級はなくなりましたので、警察官とか軍人に転身した人が多かった時代です。

勤務地は本行徳分署に駐在とあります。じつは明治五年（一八七二）一月二十九日に印旛県《いんばけん》の取締所（今の警察署）を関宿《せきやど》・布佐《ふさ》・水海道《みつかいどう》・結城《ゆうき》・佐倉《さくら》・千葉《ちば》・本行徳《ほんぎょうとく》・流山《ながれやま》・古河《こが》の九カ所に置きました。本行徳は重要な所とわかるでしょう。

明治九年（一八七六）には本行徳村その他の町村でお金を出し合って民費で巡査を置いています。行徳地域の治安対策としてもさすがに積極的な対応だと思います。

明治十一年（一八七八）には千葉警察署の分署が本行徳三丁目に設置されました。三丁目の鎮守八幡《はちまん》神社境内の入口の左側角地付近とされています。バス通りに面しているのでご存じの方も多いでしょう（以上『千葉県東葛飾郡誌』）。

この時に浦安の堀江村《ほりえむら》と猫実村《ねこざねむら》に駐在所を開設しました。瀧巡査は墓表では本行徳分署勤務となっていますが、浦安へ応援に行っていたのでしょうか。それとも駐在所に勤務していたのでしょうか。

堀江駐在所は初め個人宅にありましたが明治十九年八月に真言宗宝城院《ほうじょういん》境内へ移転しました。瀧巡査の殉職した頃のことです。猫実駐在所は真言宗花蔵院《けぞういん》境内にありました。当代島村《とうだいじまむら》は猫実村駐在所の管轄でした（『浦安町誌 上』）。

見舞金が官と僚友から出されています。遺族扶助料としています。階級の一番下の巡査だった者に対して、この当時としては破格の扱いと言っていいと思います。瀧巡査の柩《ひつぎ》を見送った警察官は警部長以下数十人と刻まれています。法善寺の墓域に同僚が相談して顕彰碑を建てました。


悪疫とはこの場合はコレラのことを言います。

コレラとは、急性で激烈な伝染病。コレラ菌が口から侵入、小腸の上皮を侵して発症。発熱が激しく、吐き、下痢になる。重症者は急に衰弱し、脱水により死に至ります。もとはインドの風土病で、日本では文政《ぶんせい》五年（一八二二）に初めて流行したとされています。持ち込んだのは皆さんご存じの黒船ともいわれる外国船だそうです。

2 浦安、南行徳、行徳でのコレラの流行

行徳地域の流行の初めはいつも浦安でした。漁師町で生の魚介類を扱うこと、人口密集地の東京と頻繁《ひんぱん》に行き来していたことが第一の原因でした。二つ目は衛生状態の悪いことでした。

浦安という所は皆さんよくご存じのように、標高がとても低く、大潮の満潮時間には堀江と猫実の間を流れる境川《さかいがわ》が溢れることがありました。とくに南風が強い時はそうなり

ました。水位が高くなるからです。昭和二十年代（一九四五～一九五四）でさえもそのようでした。私も子どもの頃に祖父に連れられて祖父の浦安の実家に行った時に目撃しています。

そうなりますと床下浸水の家庭がたくさんあって便所やドブ等の汚水が境川へ流れ出たのです。その境川で米を研《と》いだり、茶碗や野菜、魚などを洗ったり洗濯もしていました。それに飲み水にも使っていましたので、今ではとても考えられないほど不潔だったわけです。

浦安でコレラが大流行したのは明治十九年（一八八六）のことでした。瀧巡査が殉職した年です。この年は堀江村と猫実村だけで死者二百名余という大惨事でした。

それまでは日本全国でコレラ騒動が起こるなど流行していましたが、浦安は奇跡的に免れていたのでした。

明治二十三年（一八九〇）には死者三十九名、同二十八年（一八九五）には死者三十五名、同四十年（一九〇七）は患者五十七名、死者三十八名、大正元年（一九一二）は死者

ゼロ、同五年（一九一六）は患者三十二名、死者二十八名、同十四年（一九二五）は患者十八名、死者十六名でした（『浦安町誌 上』）。

なお、大正四年（一九一五）に行徳・船橋地方のコレラ患者が百四十五名、死者百六名という大惨事がありました（『市川市史年表』）。

3　コレラにどのように対処したのか

コレラ患者が出て急に増えましたので小学校の校舎に隔離《かくり》しました。もちろん授業などできません。それでも足りず、役場の庁舎に収容しました。接触する役場の職員に感染する恐れがありました。

堀江と猫実の村境になっている境川と当代島の船圦川《ふないりがわ》などの川の水を汲んで生水で飲むことを禁止しました。

飲み水を確保するために、江戸川上流の下今井《しもいまい》にある熊野《くまの》神社（おくまんさまと呼ぶ）の上手《かみて》にあったおくまん出しという出し杭が打ってある場所から江戸川の水を汲んで来て村人に配りました。これは南行徳村でも同じことをしていました。水道がまだなかった時代だったからです。おくまんさまはこの新井小学校のちょうど反対側の江戸川区側の江戸川の岸辺にありますよね。

また、水を沸騰《ふっとう》させて殺菌《さっきん》する場所（煮沸水供給所《しゃふっすいきょうきゅうしょ》）を百二十八カ所作りました。役場の職員総動員で村内の大消毒を実施しました。

火葬場《かそうば》というものが明治十九年の頃はまだなかったので土葬《どそう》でしたが、亡骸《なきがら》を何日も放置しなければならないほどの惨状でした。土葬をするための作業員は東京の深川富岡町付近の「立ちんぼう」と言われた人を高給で雇いました。白襦袢《しろじゅばん》、白シャツ、白の股引《ももひ》き姿なので白《しら》サギとかコレラ担ぎとか言われて浦安の人からは嫌われていました。

死者の家族の中には四ケ村落《しかそんお》としといわれる浦安と南行徳の境近くの猫実の海岸（現猫実排水機場近く）で露天で火葬にした家もありました。それでも火葬にできるのは裕福な家庭だけで死体の九〇％ほどは土葬でした。

明治三十三年（一九〇〇）一月になりますと、ようやく猫実火葬場というものがその近くにできました。三十坪ほどの土地に小さな小屋が一つ、内に一間四方、深さ三尺くらいの穴が掘られただけのものが二つあるだけのものでした。これでは露天に屋根を付けただけと言われても仕方がない粗末なものでした。

コレラ患者が出た家には、軒下に赤紙を貼って、家の周囲に荒縄を張り巡らせました。そして患者の出た家のご近所の家には危険区域と知らせるために青い紙を貼って外部の者の出入りを禁止しました。
瀧巡査の職務というのは、このような時に人の出入りを監視するための二十四時間の立ち番という仕事でした。また、監視区域内の住民のために白米を一日男四合、女三合、子ども二合の割合で届ける仕事でした（『浦安町誌 上』）。

瀧巡査はこのように患者に一番近い場所にいて二十四時間の立ち番の仕事をしていましたのでコレラに感染してしまったのでしょう。

4　江戸川の水はとてもきれいだった

江戸川の水は江戸時代は江戸城の茶の湯の水に使われていました。水船という船がおくまん出しまで来て水を汲んで持って行ったのです（『江戸川区の史跡と名所』）。

大正時代になっても行徳の人たちは深川のお茶屋さんへおくまん出しの水を売りに行っていたほどです（『ぎょうとく昔語り』）。

昭和の時代には江戸川の水で海苔《のり》を漉《す》くということを盛んにやるようになりました。それは江戸川の水で漉くと色も味もとてもよくて行徳海苔として一番の高値がついたからです。

また、女性たちは江戸川の水でご飯を炊《た》いていました。井戸水や内匠堀《たくみぼり》の水で炊いたご飯よりも半日以上も傷《いた》むのが遅く長持ちしたからでした。

5　水道はいつ頃敷かれたのか

水道が敷かれたのは昭和十二年（一九三七）七月三十日でした。行徳・南行徳・浦安地域に上水道の供給が始まりました。初めは数世帯で使う共同水道でした。

水道が設置されてからはコレラその他の伝染病は激減しました。

なお、電気が敷かれたのは水道よりも早くて大正五年（一九一六）のことでした。翌年の大正六年の大津波の時に、家の中の天井板に配線されていた電線につかまって神棚に這い上がって助かったという話はよく知られています。昭和二十年代でさえも私の建て替える前の昔の家では室内の電線は天井板とか梁《はり》に直接配線されていたことをよく覚えています。

6　コレラに対抗するために建てられた病院

以上のようにコレラの被害がとても大きかったので、浦安町と南行徳村は資金を出し合って「浦安町・南行徳村組合立伝染病舎」を当代島に建てました。大正元年（一九一二）十一月八日のことでした。

この病院のことは皆さんもよくご存じで、地元のお年寄りは「避病院《ひびょういん》」と言っていましたよね。コレラなどの伝染病を避《さ》けるためだったからですね。

ところが南行徳などでは「ひ」は「し」と訛りますので、いつしか「死病院《しびょういん》」と言って、避病院に入院すると生きて帰れないと入院を嫌がる人も出たほどです（『行徳郷土史事典』）。

避病院はその後「葛南《かつなん》病院」となり、「浦安・市川市民病院」と名が替わり、今は「東京ベイ 浦安・市川医療センター」として地域になくてはならない中核病院になっています。

私などは今でも「葛南病院」へ行ってくる、と家族に言うほど馴染のある病院です。ここにおられる方は皆さん私と同じように葛南病院とおっしゃいますよね。

なお、行徳町は市川町・八幡町《やわたまち》・中山村・

現在は地域の中核病院である東京ベイ 浦安・市川医療センター

葛飾村など五カ町村組合立伝染病舎を大正三年（一九一四）三月二日に八幡町と旧上《かみ》妙典《みょうでん》の境界付近に建てました。

7　根も葉もない噂が飛んだ

皆さんもよくご存じの新井三丁目の「御経塚《おきょうづか》」ですが、コレラで大規模な盗掘《とうくつ》に見舞われたということをお話ししたいと思います。

> 御経塚のお経が書いてある貝殻を砕いて煎じて飲むとコレラに罹《かか》らないとか、コレラが治るとかいう噂が立ちました。何の根拠もない話でした。
> このため、御経塚が盗掘されて大切な貝殻がたくさん盗まれてしまいました。

新井寺《しんせいじ》の慈潭和尚《じたんおしょう》が東京湾からの津波で塩田を囲む堤防が壊されないようにと願って貝殻にお経を書いたものなのです（『郷土読本 行徳 塩焼の郷を訪ねて』）。

8　今はとても幸せな時代

明治・大正時代のコレラの流行のことを考えますと、今はとても幸せな時代だと思います。

本日のようなサロンという場もありますし、救急車はすぐに来てくれるし、水道も電気もあります。病院もすぐ近くにありますし、何よりも福祉関係の人たちが献身的にサポートしていただいています。とてもよい地域に住んでいると実感できます。

これからも元気に明るく毎日をお過ごしいただきたいと思います。ご静聴ありがとうございました。

参考文献

『浦安町誌 上』
『市川市史年表』
『市川市の石造物』
『明解 行徳の歴史大事典』所収「避病院」

『行徳郷土史事典』所収「避病院」
『行徳歴史街道』所収「行徳堤防の歴史」
『郷土読本 行徳 塩焼の郷を訪ねて』所収「コレラに対抗できた江戸川の水」
『千葉県東葛飾郡誌』
『江戸川区の史跡と名所』
『ぎょうとく昔語り』

「おとりさま」が見ていた御猟場の歴史

――NPO法人 野鳥観察舎友の会公開講座

この講座の参加者の皆さんは「おとりさま」という鳥をご存じですか?

では、そのことと、明治の時代に皇室関係の人たちがお忍びの鷹狩《たかがり》をしに来ていたことを初めにお話ししたいと思います。また、行徳《ぎょうとく》海苔《のり》と日露《にちろ》戦争がおとりさまとどのように関係していたのか興味のあるお話をしたいと思っています。

1 屋号にもなった職業があった

明治初期(一八六八〜)から昭和初期(一九二六〜)まで、お忍びの鷹狩にお出でになる方々がおられましたので、普段から餌付《えづ》けをして鴨《かも》などの鳥を集めておくことが大切でした。そのような仕事をする人の家を「餌撒き《えさま》」とか「とりや」とか呼んでいました（『市川の伝承民話』第一集）。エサを撒くエリアは行徳の水田地帯でした。海岸地帯はこの野鳥観察舎のあるエリアを含めて当時はまだ塩田がたくさんありました。

いくらお忍びと言っても警戒はしなくてはなりません。明治維新後数年しかたっていない頃は世の中は騒がしい時代でした。ですから明治五年（一八七二）にいち早く本行徳に取締所という今で言う警察署を設置して警戒にあたりました。本行徳三丁目の八幡《はちまん》神社境《けい》内《だい》の入口左側角に建物を置きました（『郷土読本 行徳 塩焼の郷を訪ねて』）。

2　御猟場と鴨場とは広さが違う

明治政府は皇室の方々などのお忍びの鴨猟だけではなくて、広く外国の賓客《ひんきゃく》の接待のための場所を作ろうと考えました。その場所が鴨場《かもば》と呼ばれる施設です。

また、御猟場《ごりょうば》というのは現在の江戸川放水路を含めた広大な内陸湿地、行徳の農地、海岸から六キロ先までの海水面などのエリアのことで、ここを一般の人は全面的に禁猟としました。

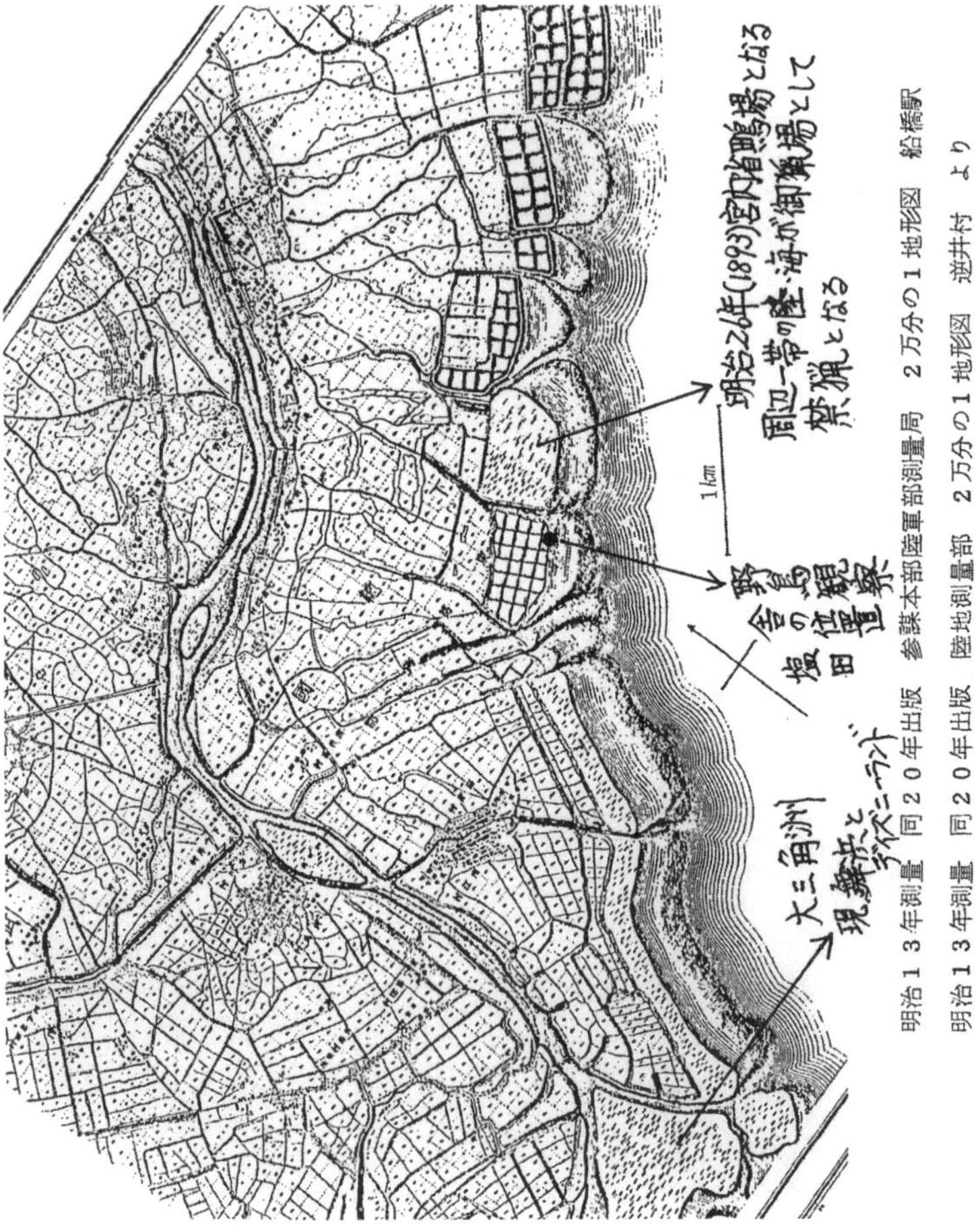

明治13年（『よみがえれ新浜』より）

ですから猟ができる人は鴨場とその他のエリアでの鷹狩が可能だったわけです。

鴨場が設置されたのは明治二十六年（一八九三）のことです。千葉県東葛飾郡《ひがしかつしかぐん》湊村《みなとむら》字《あざ》新浜《しんはま》九四七番地と同 湊《みなと》新田《しんでん》字《あざ》新浜《しんはま》七七三番地の合計三十二町《ちょう》七反《たん》四畝《せ》十九歩《ぶ》（約三二万四四一八平方メートル）が買い上げられました。元塩田跡地ですが荒れ果てて萱場《かやば》になっていました（『明解 行徳の歴史大事典』）。平成の現代でも鴨場の土地は自分の先祖が持っていた塩田跡地だとおっしゃる方が健在です。

3　人力車に乗って来た

明治の頃は今井橋がありませんでしたので、東京からお出でになる賓客と接待係の政府の高官は今井の渡しを渡りました。

千葉県側に渡ってからの乗り物は人力車です。普段は本行徳の新河岸《しんがし》で人力車は客待ちしていました。『市川市史』第二巻に「行徳 新河岸の図」という三代目安藤広重の描いた画が載っていて、客待ちの人力車が二台描かれています。今は常夜燈の下の説明版にカラーで画が載っています。

おそらく普段から今井の渡しにも人力車は客待ちしていたことでしょう。でもここだけの数ではとても不足なので応援を頼んだことでしょう。予定客が多い時は五十台も用意したそうです。賓客が来る時は人力車の車夫は全員が「内務省《ないむしょう》」と記された半纏《はんてん》を着ていました（『浦の曙』）。

なお、今井の渡しは明治になってからは江戸時代のような通行制限がなくなって自由に往来できるようになりました。ですから、市川市相之川《あいのかわ》の今井の渡しの渡口《わたりくち》に道標が設置されました。これは明治六年（一八七三）と、とても早い設置でした（『明解 行徳の歴史大事典』）。交通の要衝だったからでしょうが、お忍びの鷹狩などがされるようになった事情もあったことでしょう。道標は市立市川歴史博物館に展示されています。

4 「おとりさま」と呼ばれた鳥がいた

おとりさまと呼ばれた鳥がいたことは事実です。行徳、南行徳の農民や漁民がそう言っていました（『よみがえれ新浜』）。

この鳥は鴨や鷭《ばん》などの今で言う野鳥で大半が渡り鳥のことです。鳥たちは人間が行徳を開拓して住み着く前からずっとこのエリアを利用していたわけです。ですから人間の邪魔をするつもりはなくても人間の都合で邪魔になってしまうわけです。鳥のせいではありません。

具体的にどうなったかと言いますと、農家が苗代《なわしろ》に稲の種を蒔きますとそれを食べてしまう、田植えをした後に田んぼの中を歩き回って苗を踏みつけたり食べたりしてしまう、海苔養殖が開始された明治三十三年（一九〇〇）以後は海苔養殖の被害が出る、つまり、鴨などが三番瀬《さんばんぜ》の海草などを食べますので、食べカスの千切れた海草が海苔《のり》篊《ひび》の海苔にくっついてしまって海苔が駄目になってしまうということがありました。

ですから、農民は毎朝早く田圃《たんぼ》へ行って鳥を追い払う、漁民はベカ舟に乗って海苔篊の掃除に毎朝行かなくてはならない、などいろいろと大変だったわけです（『郷土読本 行徳塩焼の郷を訪ねて』）。

ところが、御猟場になっていますので、鳥を鉄砲で撃ったりカスミ網で捕まえて食べてしまう、などということができませんでした。こんなことは御法度《ごはっと》だったわけです。江戸時代にはこんな規制はありませんでしたので、御猟場に指定されてから、農民や漁民にとっては厳しい状況だったわけです。

御猟場としても、独自に海上警備の船を持っていたというのもその辺の事情があったからでしょう。

あ、それから、国の方も地元の被害は知っていたらしく補償金が出されています。ですが、末端の家までは十分に行き渡っていなかったということのようです（『浦の曙』）。

ですから、地元の人たちはこのような鳥たちのことを、ある意味皮肉を込めて「おとりさま」と呼んでいました。おとりさまとは言い得て妙でしょう。

平成の時代のおとりさまは、と言いますと鵜《う》という鳥でしょうか。この鳥は午前七時過ぎに五十羽ほどずつの編隊を組んで東関東自動車道の真上を三番瀬方向へ飛んでいきます。ちょうど矢印のような「く」の字形になっている編隊です。見たことがあるでしょう？その編隊がたくさん飛んでいくわけです。大変な数の鵜です。野鳥の楽園に帰って来るのは夕方の四時頃です。「出勤と帰宅」の時間は判で押したように同じ時間帯ですから不思議なものです。どこかサラリーマンと似たところがあります。

この鳥が江戸川へ来ますと江戸川のハゼその他の小魚が一網打尽と言いましょうか、魚がいなくなってしまった、と思われるような食害が発生します。鵜はバサバサッと大きな円形を作って水面に下ります。外側の鵜が初めに潜って、それから内側の鵜が潜ります。すると魚は逃げ場がなくなってしまうのです（『僕らはハゼっ子』）。

鵜は保護鳥になっていますので追い払う程度しか対策がなくてイタチごっこが続いています。現代のおとりさまと言っていいでしょう。

現代では野鳥の楽園と言って広大な野鳥の保護区が設置されていますが、その昔には御猟場と呼ばれたある意味野鳥の保護区域があったわけです。獲ったり、ましてや食べたりしてはいけない、ということですから野鳥の楽園だったのです。

これは蛇足ですが、野鳥の楽園を設置しようという話が出た時に、反対運動がありました。地元の自治会連合会や農協、漁協などが反対の請願などをしました。それには以上に述べたような切実な背景があったわけです。

※昭和四十年（一九六五）六月二十二日、市川市南行徳地区自治会連合会及び地元民千六百十六名、新浜鳥類保護区設置計画反対の請願を千葉県と市川市に対して行う

（『市川市史年表』）。

5　行徳の海苔養殖の始まり

南行徳村の初代村長を務めた川合七左衛門という人がいました。市川市湊の人です。この方はもと名主《なぬし》ですし、後の南行徳小学校に発展した湊小学校（明徳尋常《めいとくじんじょう》小学校）を設立した篤志家《とくしか》です。海苔養殖はこの人が私財を投じて明治三十三年（一九〇〇）十二月に成功させました。行徳の海苔養殖の曙《あけぼの》と言っていいでしょう。浦安漁民は漁業権の全面放棄をしましたので海苔養殖は行徳の漁民が今行っています。

海苔は江戸時代から貴重品で、平安時代などは調として貢物になっていたほどでした。ですから作りさえすれば高く売れたのです。塩と同じで米を作るよりもたくさん利益が出たのです。

やはり産業というものは将来を見据えて育成する必要があると思うのです。川合七左衛門という人は、行徳の人々が塩焼という稼業でこの先もやっていけるのか、と考えたに違いないと思うのです。

6　浦安漁民と南行徳漁民との衝突の危機

浦安漁民は南行徳の人たちが海苔養殖をするのに反対していました。南行徳の人たちは漁業権を持っていなかったからです。これは江戸時代からそうでした。徳川幕府は行徳の人たちが塩業に専念するように、塩業以外の実入りのいい仕事をさせなかったからです。塩焼をおろそかにしてしまうからということでしょう。

浦安の漁民は実力行使と言いましょうか、夜陰《やいん》に乗じて船に乗ってやってきて、南行徳漁民の海苔篊を引き抜いて海に流してしまうなどという妨害をたびたびやっていました。いくら口で言っても聞いてもらえないということで、やむなしということの行動でしょうが、対立の雰囲気は徐々に高まっていきました。

ついに、明治三十四年（一九〇一）八月二十五日、この日、浦安漁民は大挙してベカ舟などに乗り、南行徳地先の沖に繰り出してきました。そして南行徳漁民の海苔養殖用の海苔簀を全部引き抜いてしまう計画でした（『浦の曙』）。

なお、なぜ八月二十五日ということかと言いますと、海苔養殖の簀立ては旧盆が過ぎますと実施されていたからです。そのような時季だということです。

浦安漁民の行動は江戸時代の行徳の塩垂百姓《しおだれびゃくしょう》の行動の意趣返しだといってもいいのではないでしょうか。


江戸時代、江戸川が洪水になりますと濁流が大量に流れ下るわけですが、浦安の堀江《ほりえ》と猫実《ねこざね》の間を流れる境川《さかいがわ》をその濁流が流れて南行徳や行徳の沖を茶色の真水の海に変えてしまうのです。ということは、塩田作業が何日もストップしてしまうわけです。そこで塩垂百姓たちは境川に大挙して押しかけて境川を締め切ってしまうわけです。徳川様の権力を嵩《かさ》に着ての所業だと浦安では密かに言われてきました。このことは、それぞれに事情があるわけですが、浦安の漁民は海に出る水路を塞がれてしまうわけですから死活問題です。このようなことが江戸時代にたびたび行われていたのでした（『行徳歴史街道』所収「日露戦争と行徳海苔」）。

話を戻しますが、江戸時代のことを忘れていない浦安漁民としては、今度は漁業権もないのに海苔養殖をやるのはけしからんということでしょうか、実力行使に出たわけです。南行徳の人たちはこの時、今の千鳥橋のちょっと内側にあった湊圦河《みなといが》という船着場に集まっていました。今の千鳥橋は昔の海の中にできているのです。この位置からは海苔養殖の篊立て場《ひびだてば》がよく見えています。ちょうど今のJR京葉線の高架付近だと思います。集まった人の中には江戸時代の鎧兜《よろいかぶと》に身をかためた人、隠し持っていた日本刀を携えた人などが何人もいて、大変な騒ぎだったようです（『浦の曙』）。

7　浦安と南行徳は親戚同士が多かった

皆さんも不思議に思ったでしょうが、その日その時間に浦安の漁民が押し掛けてくるという情報が、どうして南行徳の人に伝わっていたのか、ということです。昔でいう忍者のような、今で言うスパイのような人がいたわけではありません。

じつは、親戚関係の家がとても多かったのです。浦安から嫁に来たとか、浦安へ婿に行ったとか、浦安の市場に仕入れに行っているとか、この時代の商売は行商もかなり多かったですから出入の行商人が情報を持って来たとか、まあ、いろいろと情報は流れたわけです。

8　国府台の騎兵隊が新井地先の海岸に来た

浦安漁民と南行徳漁民の流血の大惨事を未然に防いだということに関しては、国府台《こうのだい》に駐屯していた騎兵隊が来たことが理由として挙げられると思います。

なぜかと言いますと、騎兵隊は新井地先から東京湾の干潟に馬を下ろすわけです。今で言いますと、ちょうど塩浜橋辺りと言いますか、おおよそ、県立行徳高等学校の付近でしょうか、その辺へ馬を下ろすわけです。三十頭以上いたと言われています。堤防の上にはテントを張って本部とし、騎砲《きほう》という大砲を何門も据え付けました。干潟の上では馬に兵が乗り、鉄砲を構えて横一列に整列して中隊長の号令一下、突撃訓練を実施しました。兵は馬上から鉄砲を乱射しながら喊声《かんせい》を上げながら干潟を突進しました。この時の様子はとても凄まじいものだったようです。記録にはないのですが、堤防上から大砲の発射訓練もされたのではないのでしょうか。

訓練のエリアとしては、現在の湾岸道路手前、本日の講演会場になっている野鳥観察舎前面の野鳥の楽園の先端付近だったようです。さすがに騎兵隊も皇室に関係する鴨場のすぐ近くでの突撃訓練は遠慮したようです。

この訓練によって、間近にいた浦安漁民はびっくり仰天して、船に飛び乗って逃げて行きました。結果として、漁民同士の流血の惨事は防がれました（『浦の曙』）。

9　事前の準備がされていた

お聞きになっていて不思議に思ったでしょうが、なぜこうもタイミングよく騎兵隊が訓練をしたかということです。

これについて『浦の曙』では川合七左衛門の働きだとしています。情報を察知した七左衛門は隠密裏《おんみつり》に（情報が浦安に洩れないように）国府台の騎兵隊の隊長に接触、談判して、水馬《すいば》訓練という名目で出動してもらったということです。水馬訓練というのは水の中を馬と兵が泳いで川を渡る訓練ですが、なぜか、新井の海岸に来た時は干潮時間で干潟が露出していたのでした。ですからたんなる名目だったということがよくわかります。
騎兵隊の隊長の判断は素晴らしいものですが、現代の軍隊と言いましょうか、自衛隊と言いましょうか、そこに直談判してこのような判断が下されるかと言いますと、なかなかそうはいかないのが現実ではないでしょうか。

この話にはおまけがついていて、実際の訓練を実行し指揮したのが、川合七左衛門の息子である川合《かわい》與七郎《よしちろう》という青年でした。この人は騎兵隊の獣医でした。

※水馬訓練とは、乗馬で水を渡る法。馬を水中に乗り入れて、馬の脚が立たない深みでは兵もともに泳ぐ。訓練では鞍《くら》、鐙《あぶみ》を外し、手綱《たづな》だけの裸馬に兵もふんどし一つの裸で乗る。
※新井《あらい》地先までの順路——国府台～市川町～八幡《やわた》で右折（ここからは行徳街道）～稲《とう》荷木《かぎ》～河原～本行徳～押切《おしきり》～湊～欠真間《かけまま》で左折、養魚場道あるいは欠真間道と呼ばれた道を新井地先海岸へ。到着地点は現在の塩浜橋の手前付近、東海面公園の前面、現

在終末処理場がある脇。新井村の人たちはこの場所を万年屋の土手と呼んでいた。万年屋の土手は現在の行徳高校、ハイタウン塩浜前の丸浜川の堤防近くにあった。万年屋とは江戸時代から塩焼稼業で身代《しんだい》を築いた豪農の宮崎家のこと。

※この時の潮時――ちょうど干潮時間帯で干潟が堤防から二〇〇〇メートル先まで露出していた。現在ではこの部分は埋め立てられて、住宅、学校、湾岸道路、工場地帯、漁港、野鳥の楽園などになっている。現在の市川市塩浜一~四丁目地域。

10　この話には後日談がある

国府台の騎兵隊は日露戦争に出征しました。秋山好古少将旗下、奉天大会戦を戦い、一人の戦死者も出さずに帰国しました。

南行徳の押切、湊、湊新田、香取《かんどり》、欠真間、相之川《あいのかわ》の六集落の住民は香取の源心寺《げんしんじ》に日露戦争記念碑を明治三十九年（一九〇六）五月十五日に合同で建立しました。

記念碑には出征軍人五十二名の名がありますが、なんと、川合與七郎の名が筆頭に記されています。このことは南行徳村の人々がどれほど川合七左衛門とその息子の與七郎に感

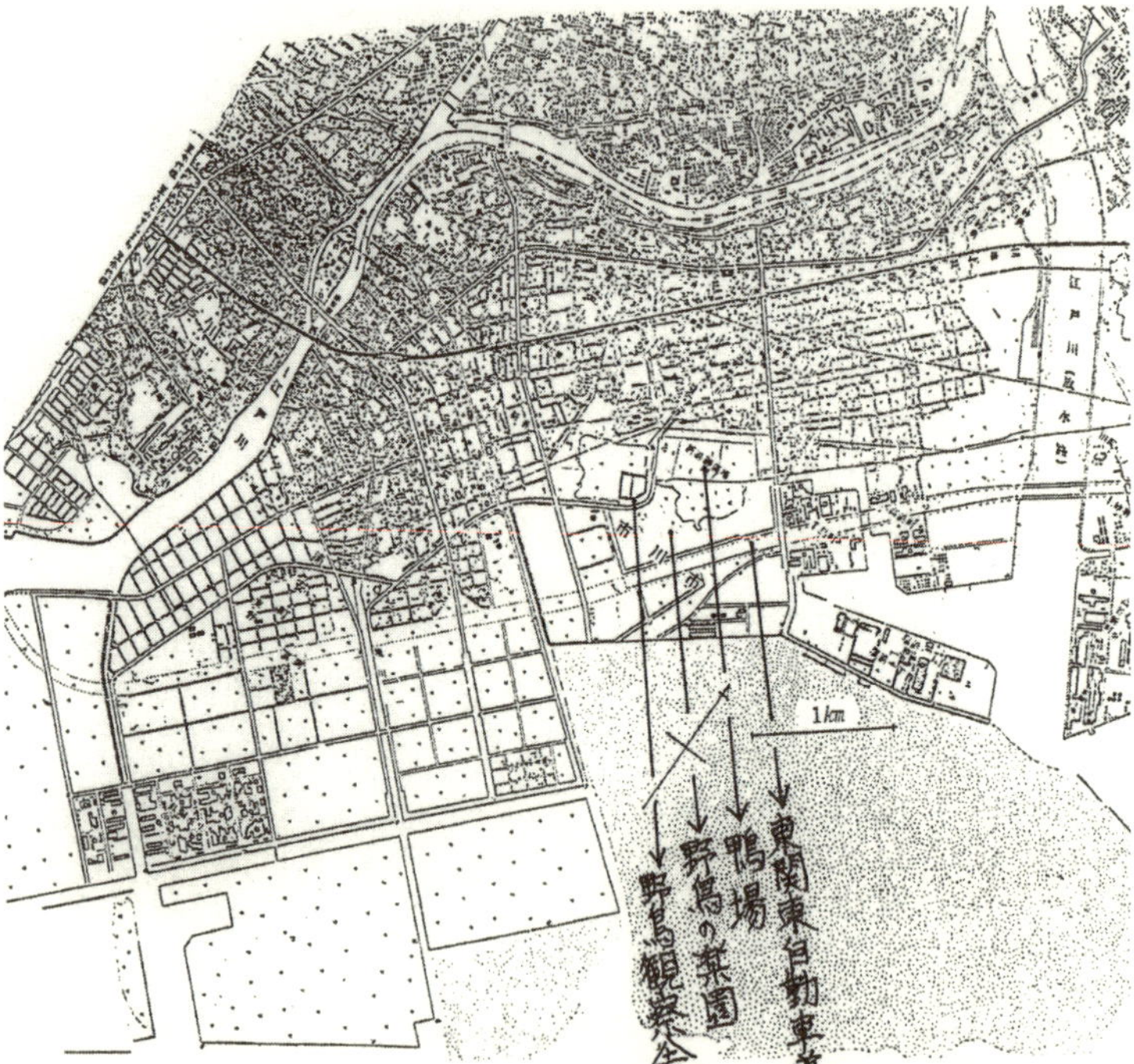

昭和５０年５月撮影　同５２年発行　国土地理院　２万５千分の１地形図　船橋
同　上　同５３年発行　同　上　浦安　より

昭和50年（『よみがえれ新浜』より）

謝していたことか、そのことの表れなのではないでしょうか。

もう一つの後日談は、ロシアのバルチック艦隊を撃破した東郷平八郎提督が明治三十九年（一九〇六）二月二十三日、鴨場を訪れたことです。イギリス貴族コンノート公アーサー殿下が明治天皇にガーター勲章を奉呈するために来日したのを機に、その接待鴨猟の手ほどきを東郷提督がしたのです（『英国貴族が見た明治日本』）。

イギリス貴族一行の乗り物は馬車で今井の渡しまで来て、こちら側で待っていた人力車に乗って鴨場まで来ました。すき焼きパーティは鴨の肉でした。
※初代の今井橋――大正元年（一九一二）架橋。昭和二十六年（一九五一）架け替え、昭和五十四年（一九七九）現在の橋になる。

11　おとりさまが大ピンチ

昭和三十年代後半から同四十年代に、現在の市川市塩浜のようにするために、行徳海岸の埋立と内陸では土地区画整理事業が実施されました（『詳解 行徳歴史年表』）。

このため多くのおとりさまにとって内陸の農地がなくなり、海では干潟になる浅瀬がなくなってしまいました。おとりさまの居場所がなくなってしまったのでした。おとりさまの大ピンチといえるでしょう。

その時に、たくさんの人々のいろいろな努力があって「人も鳥も大切」という願いが実って、今の野鳥の楽園ができました。

参考文献

『よみがえれ新浜』
『浦の曙』
『市川の伝承民話』
『市川市史』第二巻
『市川市史年表』
『英国貴族の見た明治日本』
『詳解　行徳歴史年表』
『郷土読本　行徳　塩焼の郷を訪ねて』
『明解　行徳の歴史大事典』

『行徳歴史街道』所収「日露戦争と行徳海苔」
『行徳歴史街道5』所収「新浜鴨場と英国貴族」
『僕らはハゼっ子』

浅間山が大噴火して新井村にお地蔵さまが祀られた話

――新井小サロン「新井の昔話　アライの昔はどんな土地」

皆さん、こんにちは。今日は火山が噴火して行徳にも灰が降ったこと、江戸川に人や馬などの死骸《しがい》がたくさん流れてきたことなどをお話ししたいと思います。

現代の行徳でこんなことが起きたら、車も電車も走れない、もしかしたら携帯電話も通じない、救急車も来てくれない、ということになってしまうかも知れません。

1　昼夜三日間、雪が降り積もる如く灰が降り続いた

今から二百三十五年前のこと、江戸時代ですが、天明《てんめい》三年（一七八三）七月六日と七日に信州《しんしゅう》浅間山《あさまやま》が大噴火しました。浅間山は旅行などで皆さんも行ったことがあるでしょ

う？

『千葉県東葛飾郡誌《ひがしかつしかぐんし》』を読みますと、この時に行徳でも昼夜三日間も焼砂《やきすな》が降り積もったそうです。塩田にも灰が積もってしまったでしょうから、当然、塩田作業はできませんから仕事は休みです。塩田に積もった灰はどこへ捨てたのでしょうか。この年は塩焼《しおやき》稼業は大不作になってしまって年貢減免願《ねんぐげんめんねがい》をしています（『市川市史』第六巻上所収「塩浜御普請金横領に付訴状　天明八年正月」）。

江戸の町でも竹木《ちくぼく》の枝に雪が降ったように灰が積もったと記録があります。天が暗く、まるで夜の様だったそうです（『武江年表』）。そんなことが三日間も続いたんですね。
雪と言えば、今から六十七年前になりますが、昭和二十六年（一九五一）二月十四日にこの辺に大雪が降りました。明治三十年（一八九七）以来の大雪ということで、四〇～六〇センチも積もりました（『市川市史年表』）。
この時のことは皆さんもよく覚えていることでしょう。私がちょうど八歳の時でした。じつは前の晩から降り始めて、十四日の朝は出入り口の引き戸が開かないほどにたくさん積もりました。その日は祖父の葬式の日で霊柩車《れいきゅうしゃ》が来てくれなくて、道路がすごい雪でとても走れないわけですから、どうしようもなくって、それで物置からリヤカーを出しまして、農家だから持っているわけですが、それに棺桶《かんおけ》を乗せて東京都江戸川区瑞江《みずえ》の火葬《かそう》場《ば》まで行ったわけです。

これがまた大変で、道路の雪をスコップで掻《か》き分けるわけです。リヤカーが通れる分だけをですね、若い衆《しゅ》がですね、こうゆうふうにカッパクわけです。大変だったと思いますよ。まあ四キロほどはありましたからね。あの今井橋の上もですね、そうして渡ったわけです（『おばばと一郎3』）。

そんなことで、私の母親がですね、常日頃からですね、あの、晩飯なんかの時に言うわけですよ。だから、よその家《うち》の葬式の時に、暑いの寒いの、濡れるの、大変だとか愚痴《ぐち》を言っちゃあいけないよ、ウチの葬式の時大変だったんだから、忘れちゃいけないよ、って言うわけです。

私の母親はもう亡くなりましたが、私の母とお友だちだった方も本日ここにお出《い》でなっておられるわけで、その辺の話とか体験とかはしておられるわけです。

雪のように灰が降ったという話から脇にそれてしまいましたが、江戸時代は現代と違って寒冷期であって、雪も三〇センチとか四〇センチとか普通のように結構降ったわけです。それに降った回数も多いです。そんな雪のように浅間山の噴火の灰が三日間も降ったというのです。三日もですよ、降ったのが、これは大変なことだったと思います。

2 人や馬の死骸、家の残骸などがおびただしく流れてきた

噴火から四日後の九日、十日頃になると灰は降らなくなりましたが、今度は江戸川が凄いことになりました。

川の水色が血の色になりました。溺死《できし》したり体がバラバラになった人や馬の死骸がたくさん流れてきました。川の魚はみんな死んで浮かんでしまいました。このことは噴火の二十七年後に書かれた『葛飾誌略《かつしかしりゃく》』という地誌に書かれています。

江戸川沿いの村人の中には幕府に「御注進《ごちゅうしん》」ということで通報した人もいました。川の水は泥色で、根もとから抜けた大木とか、家の材木や調度品とか、手足の切れた人馬の

死骸とかが川一面に流れ浮かんでいたとしています（『後見草』）。

ともかく異常事態だったわけです。

3　延命寺のお坊さんと檀家の方々が亡骸《なきがら》を収容して葬った

新井村《あらいむら》の人たちも江戸川の異変に気づきました。

第一番に行動したのは真言宗《しんごんしゅう》延命寺《えんめいじ》のお坊さんと檀家《だんか》の方々でした。みんなで川岸へ下りて流されてくる犠牲者を次々と収容しました。近くに大きな穴を掘り埋葬したのです。

今の江戸川は対岸の東京都側とこちらの市川市側の左右の護岸の川幅いっぱいに水がありますが、昔の江戸川はお年寄りの方はよくご存じのように、市川市側は干潮《かんちょう》時間帯には川の半分近くまで干潟《ひがた》になったわけです。本当に見事に地べたが出たわけです。私の子どもの頃はその干潟でゴカイを獲ってウナギ釣りをしたことを覚えています。村人はその干潟に下りて遺体の収容作業をしたと思うのです。戸板に遺体を載せたりして運んだと思うのです。

遺体が埋葬された場所は、現在は新井緑道になってますが、昔の新井川の土手沿いの土

真言宗延命寺

新井緑道と新井水門
石地蔵は写真右側の工場付近にあった

地でした。市川市広尾側の土地です。島尻側ではありません。今は何の痕跡《こんせき》も残されていません。工場地帯になっています。

埋葬した当初はその場所に卒塔婆《そとうば》の何本かは立てたのではないでしょうか。もちろん、延命寺のお坊さんがお経をあげてくれたことでしょう。

4　十三回忌にお地蔵さまを建立した

それから満十二年の歳月が流れました。延命寺のお坊さんと檀家の方々は収容した犠牲者の十三回忌法要をしめやかに執り行いました。

その時に石地蔵尊《いしじぞうそん》を建立《こんりゅう》したのです。その地蔵尊には「今歳寛政《こんさいかんせい》七年乙卯《きのと》七月十三日」「別当寺《べっとうじ》新井村延命寺」と刻まれていました（『行徳物語』）。寛政七年は一七九五年です。二百二十三年前ですね。

このお地蔵さまは、その後、長い間新井川の新井水門近くに祀《まつ》られていました。現在は工場地帯ですが、昔の元土地所有者の地主の方は「私の地所《じしょ》に祀ってあったんですよ」と話されていました（『明解 行徳の歴史大事典』）。

というのは、今は延命寺境内《けいだい》に祀られているからです。移されたのは昭和二十年代（一九四五〜一九五四）だったと亡くなられた古老の方から聞いています。

延命寺に移される前は新井川の堤防沿いに祀られていたわけですが、明治・大正の時代のお地蔵さまは、江戸川を流れ下って来る水死体を見つけて収容した時に供養《くよう》する役目もしていました。

じつは新井川の江戸川へ出た部分には百本杭《ぐい》という杭《くい》が江戸川に向かって直角に突き出して一列に川中に打たれていたわけです。この杭は江戸川から真水を新井川へ引き込むための導水の役割をしていたのです。その杭に水死体が引っかかるわけです（『明解 行徳の歴史大事典』）。

延命寺さんへお詣《まい》りに行く方もおられると思いますが、今のお地蔵さまは昭和六十一年（一九八六）に新しいものに作り替えられたものです。一七九五年に建立された地蔵尊は延命寺さんの境内に埋められています。

首切り地蔵（延命寺）

なお、お地蔵さまの表示板には首切り地蔵とありますが、由来としては、明治・大正の時代に願掛けの風習ができて、その時に地蔵尊の首を外して草むらに隠し、願いが成就《じょうじゅ》したら首を乗せるということで、いつ行っても首がなかったので首切り地蔵と呼ぶようになったのです。

ですからね、ほら、いつ行っても首がないわけで、ほら、なかなか願いが成就しないわけですので、そんな時に新たに願掛けする人は困るわけです。首がないわけですから、外して草むらに隠す首がないわけです。そこで新しい首を作っていったん乗せて、そして外して草むらに隠す、ということで、いくつかの首があったそうです。また船の通行などのために新井川の底浚《そこざら》いを何年かに一度するわけですが、その時に川底から地蔵尊の首だけがいくつか見つかったのだそうです。そのお地蔵さまは今では延命寺さんに引き取られて境内にありますのでこのような風習は廃れてしまいました。

なお、一七九五年に建立された首切り地蔵は一六四四年に建立されたねね塚由来の石地蔵とは別のものなので念のためお知らせしておきます（『明解 行徳の歴史大事典』）。

5　江戸川区にも供養碑が祀られている寺がある

東京都江戸川区東小岩《ひがしこいわ》に真言宗の善養寺《ぜんようじ》というお寺さんがあります。小岩不動尊ともいいます。この辺はその昔は下小岩《しもこいわ》と言った所です。このお寺に「天明《てんめい》三年浅間山噴火横《あさまやまふんかおう》死者供養碑《ししゃくようひ》」（東京都指定文化財）が祀られています（『江戸川区史跡散歩』）。

天明三年浅間山噴火横死者供養碑
（真言宗善養寺）

じつはこの碑も延命寺さんと同じで十三回忌に建てられているわけです。下小岩中建《ちゅうこん》立《りゅう》とあります。中というのは中学校のことではありません。村中《そんちゅう》ということです。この供養碑は洪水で埋もれてしまって長い間あったことさえも忘れられていたものが、昭和の時代に境内の工事中に偶然発見されたものだそうです。それが今、手厚く祀られています。

6　延命寺と善養寺の関係

善養寺さんへ行った時に伺ったところ、現在では「親子」の関係はないのだそうです。つまり、善養寺さんが「本寺」で延命寺さんが「末寺」という関係がないということです。延命寺さんは小岩の善養寺さんの布教活動によって善養寺さん出身のお坊さんか、あるいは関連するお寺さんのお坊さんによって建立されたわけです。浦安の真言宗のお寺さん関係だとも伺ったことがあります。地誌には慶長《けいちょう》元年（一五九六）建立《こんりゅう》、開基真誉法印《かいきしんよほういん》、真言宗善養寺末と書かれています（『葛飾誌略』）。いつの時代かに真言宗の宗派の地域の編成替えがあったので「親子」関係が切れたのでしょう。

行徳地域の真言宗のお寺さんは、自性院《じしょういん》、宝性寺《ほうしょうじ》、圓明院《えんみょういん》、養福院《ようふくいん》、徳蔵寺《とくぞうじ》ですが、これらのお寺さんも善養寺末と地誌には記載されています。

また、浦安地域では善福寺《ぜんぷくじ》、花蔵院《けぞういん》、東学寺《とうがくじ》、宝城院《ほうじょういん》がやはり善養寺末と地誌にあります。このようなことから、戦国時代から江戸時代初期にかけて小岩の善養寺さんが布教活動に相当に力を入れておられたことがわかるでしょう。

7　いつの時代でも死者を手厚く葬るのは人道の当然

浅間山噴火の犠牲者を収容し、手厚く葬り、十三回忌法要を営み、供養のための石地蔵を建立した延命寺のお坊さんと檀家の方々の気持ちというものは、とても尊いものだと思うのです。

いつの時代でも、死者を手厚く葬り、祀るのは、人道の当然だと思うのです。

参考文献

『千葉県東葛飾郡誌』
『武江年表』
『市川市史』第六巻上「塩浜御普請金横領に付訴状　天明八年正月」
『市川市史年表』
『燕石十種』第二巻「天明事蹟蜘蛛の糸の巻」「後見草」
『葛飾誌略』
『行徳物語』
『浦安町誌 上』
『江戸川区史跡散歩』
『明解 行徳の歴史大事典』
『郷土読本 行徳 塩焼の郷を訪ねて』
『おばばと一郎3』

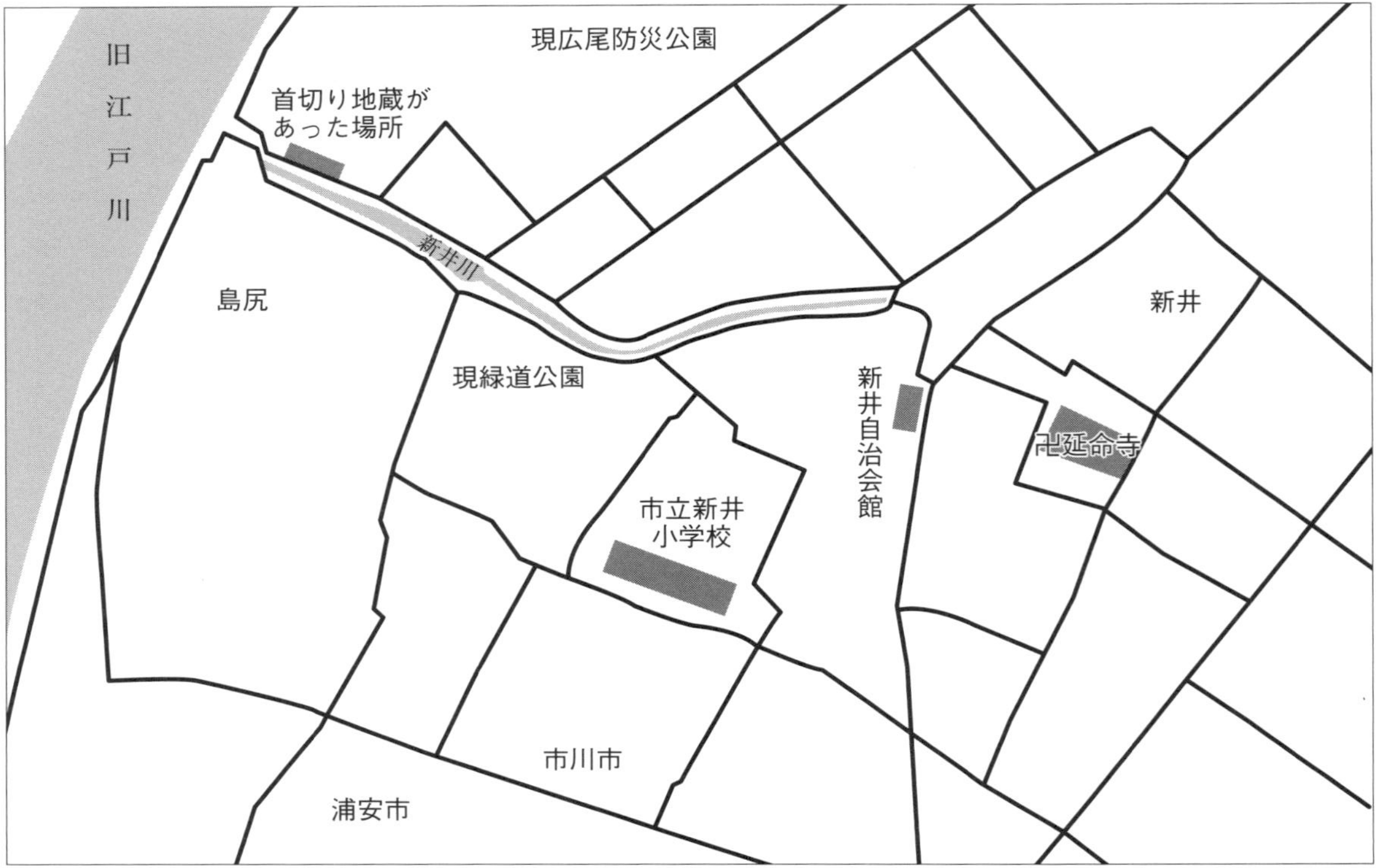
旧江戸川
現広尾防災公園
首切り地蔵が
あった場所
新井川
島尻
現緑道公園
新井
新井自治会館
卍延命寺
市立新井
小学校
市川市
浦安市

成田道の昔と今

――第七回　行徳　寺のまち回遊展講座

本日は成田道《なりたみち》の昔と今ということで、旧下妙典《しもみょうでん》の清寿寺《せいじゅじ》さんの御本堂を会場として利用させていただくことになりました。清寿寺さんの御本尊様に向かって皆さんとご一緒にお題目《だいもく》を唱えてから講演を始めたいと思います。

1　行徳の成田道とはいったい何だったのか

本行徳《ほんぎょうとく》から妙典にかけての成田道は、中世の時代は江戸川が氾濫《はんらん》してできた自然堤防と言われるものでした（『市川市史』第一巻）。

戦国時代末期から江戸時代初期の主要道路は、慶長《けいちょう》年代（一五九六〜一六一四）にできたとされる新道《しんみち》の開発前の時代は、権現道《ごんげんみち》（この頃は名なしだったかも知れません）〜河原《かわら》〜大和田《おおわだ》〜田尻《たじり》〜原木《ばらき》〜二俣《ふたまた》〜海神《かいじん》〜船橋《ふなばし》のコースでした（『行徳レポート　その（1）―年表・絵地図集―』を参照）。

絵地図によると、江戸川沿いに河原村、大和田村、稲荷木村《とうかぎむら》、大和田村と続きますが、河原と稲荷木の間にある大和田が塩焼《しおやき》をしていた大和田村です。ここから右折する道があり途中左折して今の田尻のバス通りに出たのです。江戸川放水路ができる前は道があったのです。

江戸時代の寛永《かんえい》（一六二四〜一六四三）の頃には、行徳船場《ぎょうとくふなば》〜笹屋前《ささやまえ》（本行徳のバス通り）〜本行徳一丁目（ここを右折）〜寺町通り（現在の一方通行を逆に進む）〜（バイパスを越して左折）清寿寺《せいじゅじ》前〜妙好寺《みょうこうじ》前〜（突き当りを右折して江戸川放水路の向こう側の）田尻〜原木〜二俣〜海神〜船橋のコースになりました（『行徳レポート　その（1）―年表・絵地図集―』を参照）。

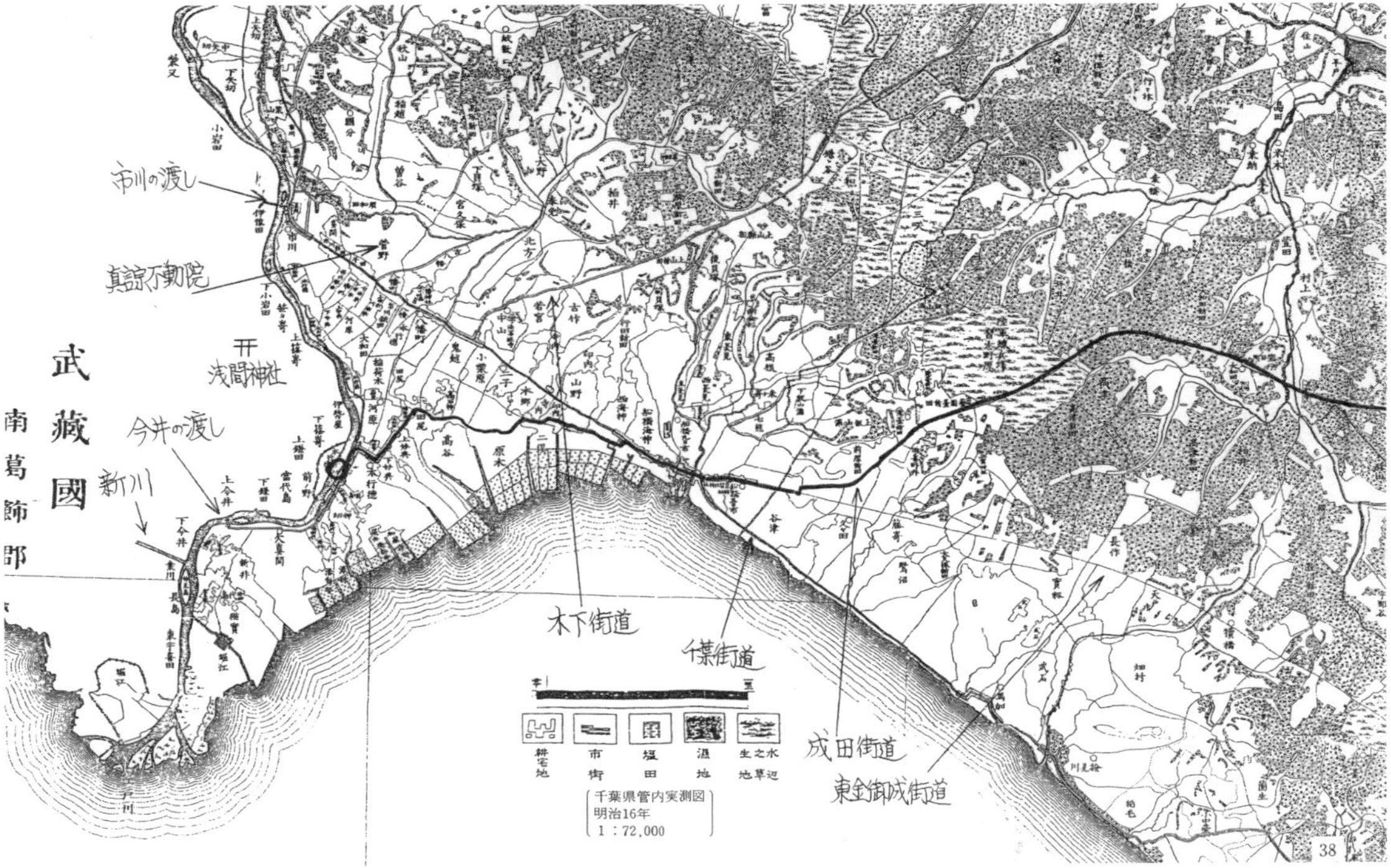

「行徳レポート　その（1）」（市立市川歴史博物館）

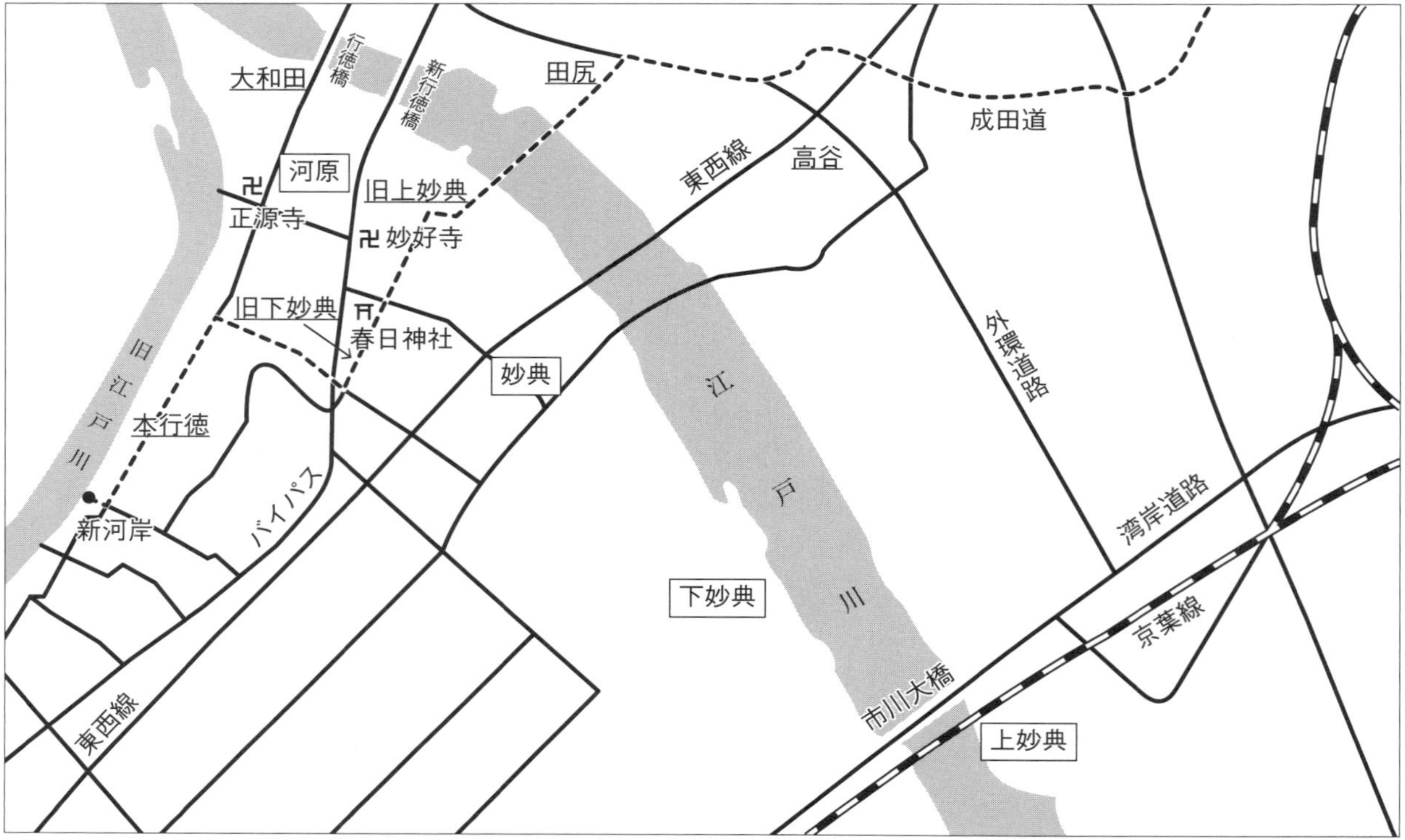

成田道（----）。行徳七浜のうち稲荷木村以外の六浜の名がある

2　成田山には年間十万人もの参詣客が訪れた

成田山参詣《なりたさんさんけい》は文化文政《ぶんかぶんせい》（一八〇四～一八二九）の頃が最盛期でした。『成田市史』を読みますと、成田山に年間十万人もの人々が参詣に訪れていました。

①宿屋の泊り客数

万延《まんえん》元年（一八六〇）三月二十七日から同年閏《うるう》三月八日までの十二日間で千百四十三人、これは一日当たり九十五人余りでしたので、年間に換算しますと三万四千七百六十六人になります。しかし、この数字は宿帳に記載された人数だけの集計です。

②宿屋の税金逃れの方法

宿帳に記載せずに泊めたりして人数をごまかしていました。また、泊めたのに宿帳に一切記載しない宿もありました。このことについては記録があって、関東取締出役《かんとうとりしまりでやく》（俗に八州廻《はっしゅうまわ》りという）という役人から叱責《しっせき》されて、宿屋三十六軒が請書《うけしょ》を提出して詫《わ》びを入れています。

その他には次のような旅人もたくさんいました。
③成田に泊まらない旅人がたくさんいたようです
④日帰りの人もたくさんいたようです
前掲の成田の宿屋に記帳されたデータは三月初旬ですが、一月の初詣《はつもうで》、春と秋のお彼《ひ》岸《がん》には特別な賑《にぎ》わいでしたので、年間十万人以上はお詣りしたのだろうと『成田市史』では言っているわけです。

3　行徳を通過した旅人はどのくらいだったのか

成田山に参詣した十万人がすべて行徳を通過した旅人だったとは思えません。成田へ行かないで木下道《きおろしみち》で利根川へ出るとか、千葉や木更津《きさらづ》など房州《ぼうしゅう》へ向かう人だってたくさんいたわけです。著名人としては小林一茶《こばやしいっさ》などが木更津方面へ行っていますし、渡辺崋山《わたなべかざん》は木下道を歩いています。松尾芭蕉《まつおばしょう》も木下道を歩いたのです。

ただ、いろいろな地方へ行く旅人も行徳船《ぎょうとくぶね》で来るとか、今井《いまい》の渡しを渡って徒歩などで通過するわけですから、行徳の賑わいも年間十万人規模だったことは間違いないでしょう。

一日に換算しますと二百七十三人という数字です。これを多いか少ないかと言う議論もあると思います。私が申し上げたいことは、この二百七十三人という数字は片道だけの数だということです。

江戸などへ帰る旅人も本行徳を通過するわけですから、それを考慮しますと一日当たりおよそ五百人程度の旅人、年間で二十万人になろうかという旅人が本行徳の町並みを見ながら通ったと思えるわけです。この点については皆さんの意見としてはどのように思われるでしょうか。


別の視点から考えて見ましょう。本行徳村の独占だった行徳船《ぎょうとくぶね》は当初は十六艘《そう》でしたが、嘉永《かえい》年間（一八四八～一八五三）には六十二艘に増えています。船頭一人の手漕《てこ》ぎの船で七～二十四人乗りの種類がありました。この六十二艘が毎日すべて運航していたかどうかはデータがないので不明ですが、一艘当たり七人を乗せたとして六十二艘が一日一回ずつ運行したとして四百三十四人という乗客数が出ます。

しかし一日一回の運航では船頭は収入が少なくて食べて行かれないわけですから、実際の運航回数はもっと多かったのではないかと思えるのです。ということは、本行徳の船着場を通過した旅人の一日当りの数は五百人などではなくもっと多かったのではないのかという推測もできるわけです。

本行徳村の賑わいが想像できるわけですが、この辺のことを裏付ける史料がないということがとても残念なことだと思っています。

4　乗り物はどのようなものがあったのか

本行徳村から船橋へ向かうにはどのような乗り物が利用できたでしょうか。『江戸名所図会《えどめいしょずえ》』という観光ガイドブックの「行徳船場」「行徳徳願寺」「行徳汐濱」の図を見ながらお話ししてみましょう。

①駕籠《かご》

本行徳の船着場に駕籠屋が待機していたようです。

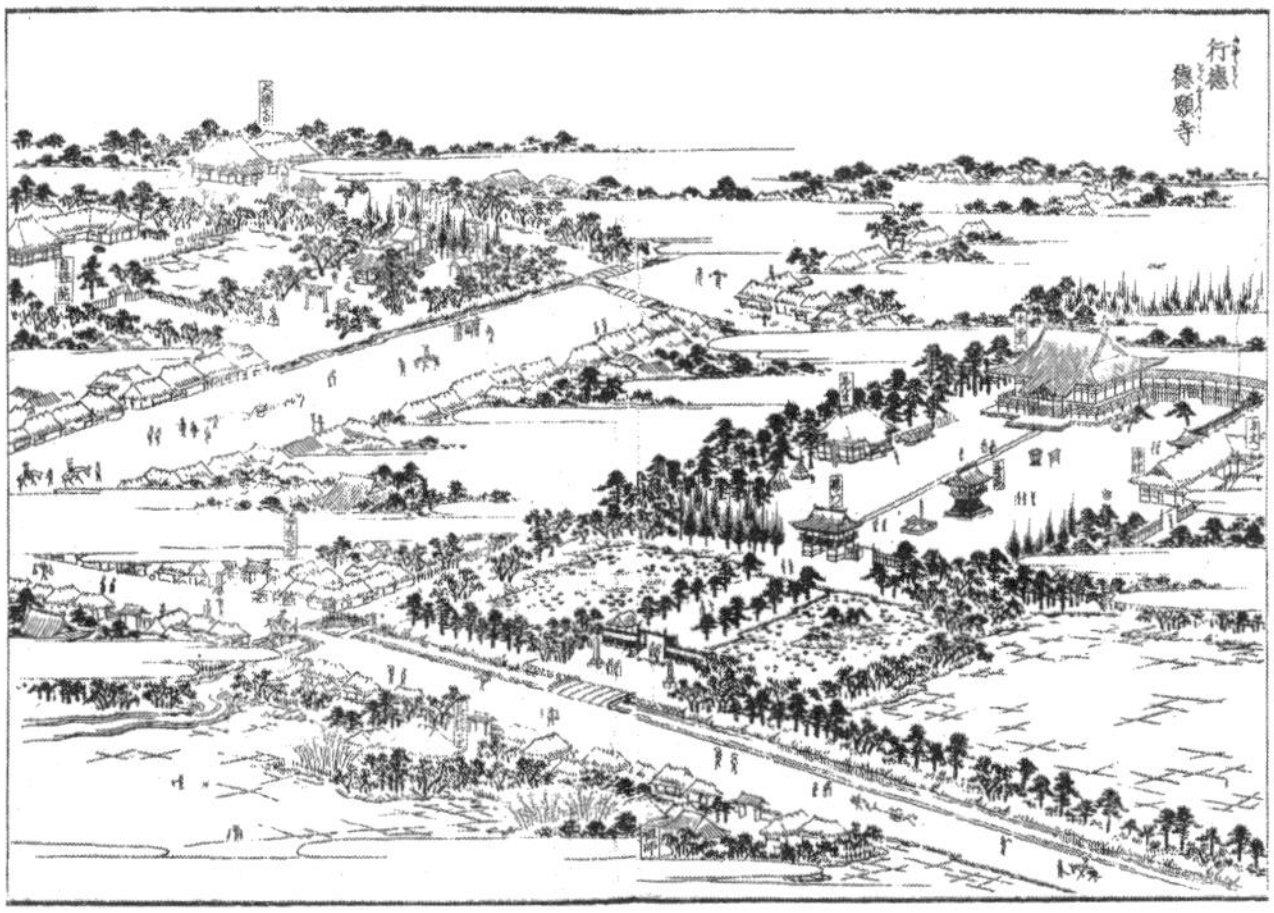

行徳徳願寺

（『江戸名所図会』国立国会図書館デジタルコレクション）

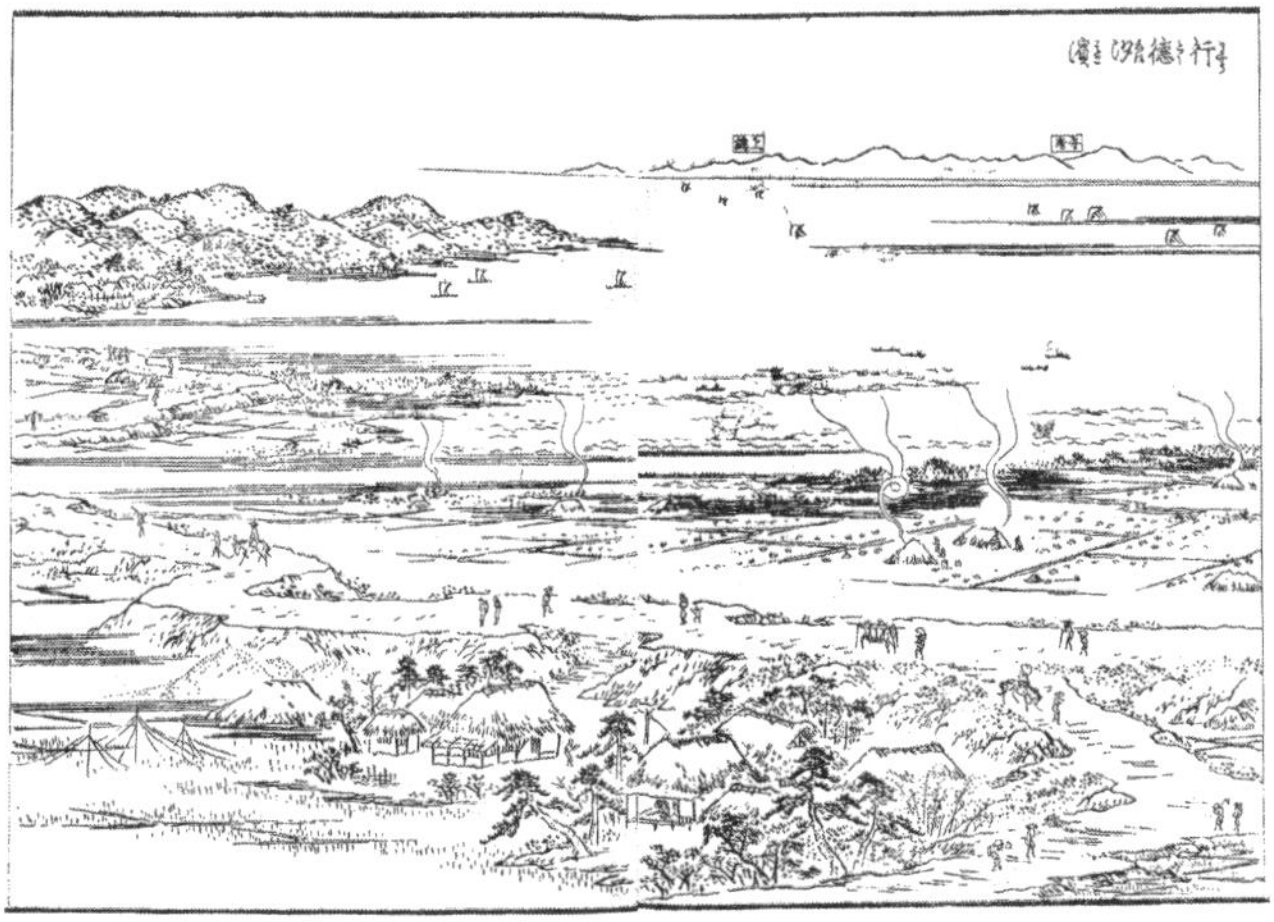

行徳汐濱（『江戸名所図会』国立国会図書館デジタルコレクション）

「行徳徳願寺」の図では、八《や》は《わ》た街道と表示のある今の本八幡《もとやわた》へ行くバス通りに駕籠が一挺《ちょう》描かれています。ここは新道《しんみち》という道です。駕籠の前は本行徳一丁目の神明社《しんめいしゃ》です。

「行徳汐濱」の図では、駕籠が二挺描かれています。この成田道という街道は図では舟《ふな》し街道と「行徳徳願寺」の図にあります。一段と高い街道の左下には松の木と民家があります。右側は塩浜で塩田があり竈屋《かまどや》（この中に塩焼《しおやき》をする釜《かま》があります）から塩焼の煙が立ち昇っています。四角く区切られた脇の道のようなものは江川《えがわ》と呼ばれた水路です。東京湾の海水を塩田面まで導水したのです。『江戸名所図会』が出版された天保《てんぽう》（一八三〇～一八四三）という時代の塩浜は入浜式《いりはましき》でしたので、海辺には防潮堤《ぼうちょうてい》が築かれていたのですが「行徳汐濱」の図では省略されています。

本行徳の駕籠屋は評判は良くなかったようです。担《かつ》ぐ人がとても下手《へた》で身体を動かしてしまうので、乗っている人はしばらく乗っていると頭痛がしたのだそうです。歩いた方がよほどよかったと書かれています（『遊歴雑記』）。

それから船橋のかごかきも人気がなくて、はなはだ酒手《さかて》をむさぼるので乗らないように、と『房総三州漫録《ぼうそうさんしゅうまんろく》』というものの本に書かれているほどです。

ともかく駕籠は評判が悪かったようです。なお、駕籠の料金は史料がありません。

②馬

馬は駕籠よりはずっと評判が良かったようです。

「行徳船場」の図では、九頭描かれています。すべて異なった絵になっています。旅人を乗せた馬が二頭歩いています。馬が棹立《さおだ》ちになってばくろうが必死になっていますが背中の荷物を落としてしまっています。笹屋《ささや》うどん店と高札場《こうさつば》前では馬が水を飲んだり飼い葉《かいば》を食べたりしています。常夜燈《じょうやとう》の前では荷物を馬から下ろしています。あるいは積んでいるのでしょうか。二人掛りです。

「行徳徳願寺」の図では、本八幡方向への旅人を乗せた馬が二頭、新河岸方向へ向かう旅人を乗せた馬が一頭、船橋方面へ向かうために妙応寺《みょうおうじ》前の内匠堀《たくみぼり》の橋を渡ろうとしている旅人を乗せた馬が一頭、船橋から来たのでしょうか徳願寺前に差しかかろうとしている旅人を乗せた馬が一頭描かれています。

「行徳汐濱」の図では、本行徳へ向かう馬が一頭、船橋へ向かう馬が一頭描かれています。ともに旅人を乗せています。

馬に乗ると料金を払いますが、それを駄賃《だちん》といいます。

本行徳から船橋まで道のり二里《り》八町《ちょう》（約八八七二メートル）あります。人足《にんそく》一人四十一文《もん》、本馬《ほんま》一疋《ぴき》八十二文、半馬《はんま》一疋六十八文、軽尻《からじり》一疋四十六文でした。本行徳から八幡《やわた》までは道のり一里（約四〇〇〇メートル）で、人足一人二十三文、本馬一疋四十五文、半馬一疋三十四文、軽尻一疋二十九文でした（『本行徳村明細帳』）。

　本馬は馬一頭四十貫《かん》（一五〇キロ）で人が乗った場合も合計四十貫まで、軽尻（空尻）は人が乗って荷を付けないもの。ただし五貫目《かんめ》までの手荷物は積めます。『江戸名所図会』で人が乗っている馬は軽尻だと思われます。ということは、船橋まで人足一人四十一文と乗馬料金軽尻四十六文の合計八十七文かかったわけです。八幡までは同様の計算で五十二文でした。料金の違い

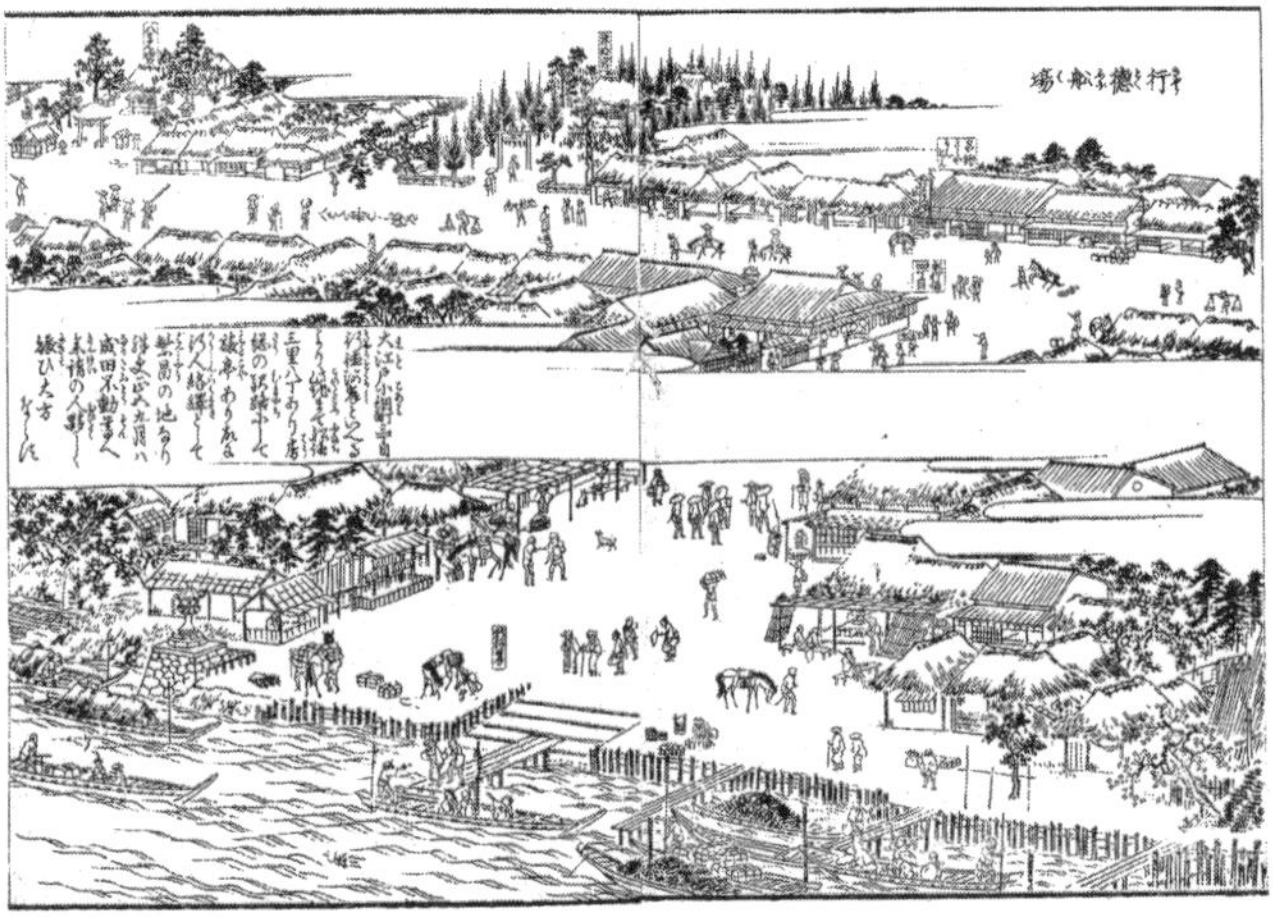

行徳船場（『江戸名所図会』国立国会図書館デジタルコレクション）

は距離が短いためでしょう。馬の所有者としては帰り道のお客があれば往復仕事になるわけですから稼ぐことができたでしょう。

③人力車

明治になってから蒸気船が本行徳へ着くようになりました。時代の流れでしょうか、駕籠や馬に代わって人力車が客待ちをするようになりました。

『市川市史』第二巻を見ますと、三代目安藤広重画として「行徳新河岸《しんがし》の図」というのがありまして、客待ちをしている人力車が二台描かれています。接岸しているのは第一通運丸という外輪《がいりん》蒸気船です。常夜燈が二基描かれています。

今井橋が大正元年（一九一二）に架《か》かりますが、それまでは市川市相之川《あいのかわ》側に人力車が客待ちしていたと思うのです。これは史料がないので憶測です。ただ、傍証《ぼうしょう》としては、明治三十九年（一九〇六）二月二十三日にたくさんの人力車が今井の渡しで客待ちをしたわけです。東郷平八郎提督《とうごうへいはちろうていとく》が鴨場《かもば》で接待鴨猟《せったいかもりょう》をするための賓客《ひんきゃく》を乗せたのです。イギリスの貴族の一行です（『英国貴族の見た明治日本』）。各地から人力車が多数集められたに違いありません。

5　船橋へ向かう旅人が見た風景

本行徳から船橋までの行程二里八町のうち潮除堤《しおよけつつみ》は約一里半あったようです。その道すがら、左は程よく平山・耕地・村《むら》邑《むら》・茂林などの天然の眺めでした。右は海浜の風色《ふうしき》で遥《はる》か彼方《かなた》に房総の山々が見えました。また、ところどころには塩竈《しおかまど》の四阿屋《あずまや》があり、男女が汐《しお》を汲み、荷《にな》う風情《ふぜい》が面白かったようです（『遊歴雑記』）。以上の情景描写は『江戸名所図会』に描かれた風景と合致しています。

　なお、竈屋から立ち昇る煙は塩焼の煙で、それは松葉を焚《た》いた煙で「オマツたき」というのだと『房総三州漫録』で書いています。

行徳鹽竈之圖

（『江戸名所図会』国立国会図書館デジタルコレクション）

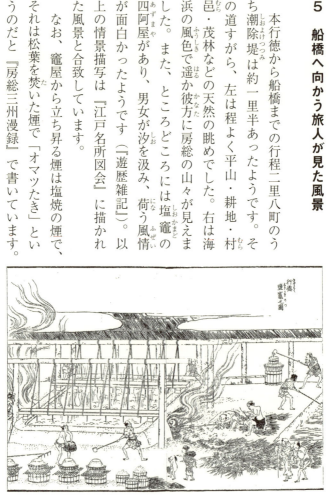

6　宿屋と風呂屋が繁昌した

宿屋は新河岸《しんがし》の南側（下流側）に多かったのですが、本行徳村には全体で宿屋が十余軒もありました（『葛飾誌略』）。大坂屋・亀屋・小松屋・信楽《しがらき》・山田屋・角伊勢・銚子屋・桜屋・若松屋・淡雪《あわゆき》・鹿島屋の十二軒（『行徳の歴史散歩』）です。

亀屋は僧侶宿、山口屋（山田屋？）は木賃宿《きちんやど》（『葛飾誌略』）。大坂屋という宿屋は主人の又八が釣り道具を預かり、釣り人の弁当などの世話をしました（『遊歴雑記』）。江戸川は釣りの名所だったわけです。釣りものは、紫鯉《むらさきごい》あるいは利根川鯉と呼ばれた鯉、春はサヨリで夏はウナギでした（『房総三州漫録』）。

本行徳には丁目ごとに銭湯《せんとう》がありました。丁目というのは本行徳村は享保《きょうほう》元年（一七一六）に四町に分けられました。別に行徳新田を分割しましたので本行徳は五ケ村になったわけです。本行徳の祭礼は五ケ村（町）の祭礼というのはご存じのことでしょう。それは享保元年にそうなったわけです。

四町は江戸川筋にありますので、川から江戸川の激流を堰《せ》き入れていました。ですから湯量は豊富で、なによりも清潔な水でした。江戸の銭湯とは比べ物にならないほど素晴らしい風呂でした。湯銭は五銭で男女混浴でした（『遊歴雑記』）。

清潔と言えば次のような指摘もあります。江戸川の水は瓶《かめ》などに汲み置いても沈殿物《ちんでんぶつ》が生じなかったし、その水でご飯を炊《た》くと井戸水や他の川の水で炊いたご飯よりも傷《いた》むのが半日も遅かったとのことです（『房総三州漫録』）。

これは昭和五十五年（一九八〇）から採録が始まった『市川の伝承民話』や平成十二年（二〇〇〇）刊行の『ぎょうとく昔語り』などにも古老の話として収録されています。

旅人が宿泊した時の遊びで面白いものが一つありました。むろん、遊びは人様々で俳句を詠《よ》んだり絵を描《か》いたりといろいろですが、やはり海岸ということで、「貝拾い」という遊びが楽しかったようです。

塩田の先にある海岸の干潟になる所で貝を拾うわけです。拾うと言ってもこれは潮干狩《しおひが》りのことでしょう。大坂屋又八の宿から潮干狩りに出て大蛤《おおはまぐり》二十七、三十八を拾いましたが、あまりに重いのでようやくのことで又八宅へもどり、一升枡《いっしょうます》に十一ケずつ山盛りいっぱいだったと書いています。一般の人でもそのようにして慰《なぐさ》みにしていたとしています。現代の行徳の海では蛤は獲れなくなってしまいました。

7　成田詣はいつから始まったのか

成田道と呼ぶほどですから、成田詣《なりたもうで》の旅人が主として利用した道だったというわけですが、いつの頃から本格的なブームといいましょうか、流行といいましょうか、そのような風潮《ふうちょう》が定着したのでしょうか。

そもそもの始まりは、元禄《げんろく》十六年（一七〇三）に初めて江戸での出開帳《でかいちょう》を成田山新勝寺《なりたさんしんしょうじ》が行いました。四月二十七日～六月二十七日までの六十日間です（『成田山新勝寺』）。

この出開帳の目的は宗教上の崇高な趣旨があったと思うのです。しかし、現代人のうがった見方をさせていただくとしたら、違う視点で見ることもできます。つまり、資金集めのためのイベントともいえます。このことは、行列の隊列からもうかがえます。

御本尊の不動明王像《ふどうみょうおうぞう》は厨子《ずし》に入れて隊列の中心にいます。宰領《さいりょう》が八人も付き、宿人足《しゅくにんそく》二十四人、出家《しゅっけ》四人というメンバーです。厨子は担ぐわけです。二十四人必要な大きさだということです。まるで御神輿《おみこし》を担ぐようではありませんか。実際にそのような大きさの厨子だったわけです。添付図を御覧いただきたいと思います（『現代語訳 成田参詣記』）。

全体の人数は百十九人と馬十疋ですが、その中に、大賽銭箱《おおさいせんばこ》が三台あります。一台に付き宰領が一人、それを担ぐ宿人足が四人です。このほかに小賽銭箱が一台ありました。

成田から江戸までは普通は二泊三日で行けますが、新勝寺の行列は四泊五日もかけています。要所要所で御本尊を開帳してそれぞれの地元の人たちに拝観を許したのです。当然、お布施《ふせ》とかお賽銭とか、また、いろいろな奉納物が上りますよね。また、休憩時間もたっぷりととっています。これも資金集めの智恵だったのでしょう。どのくらいの資金が集まったのかはよくわかっていません。

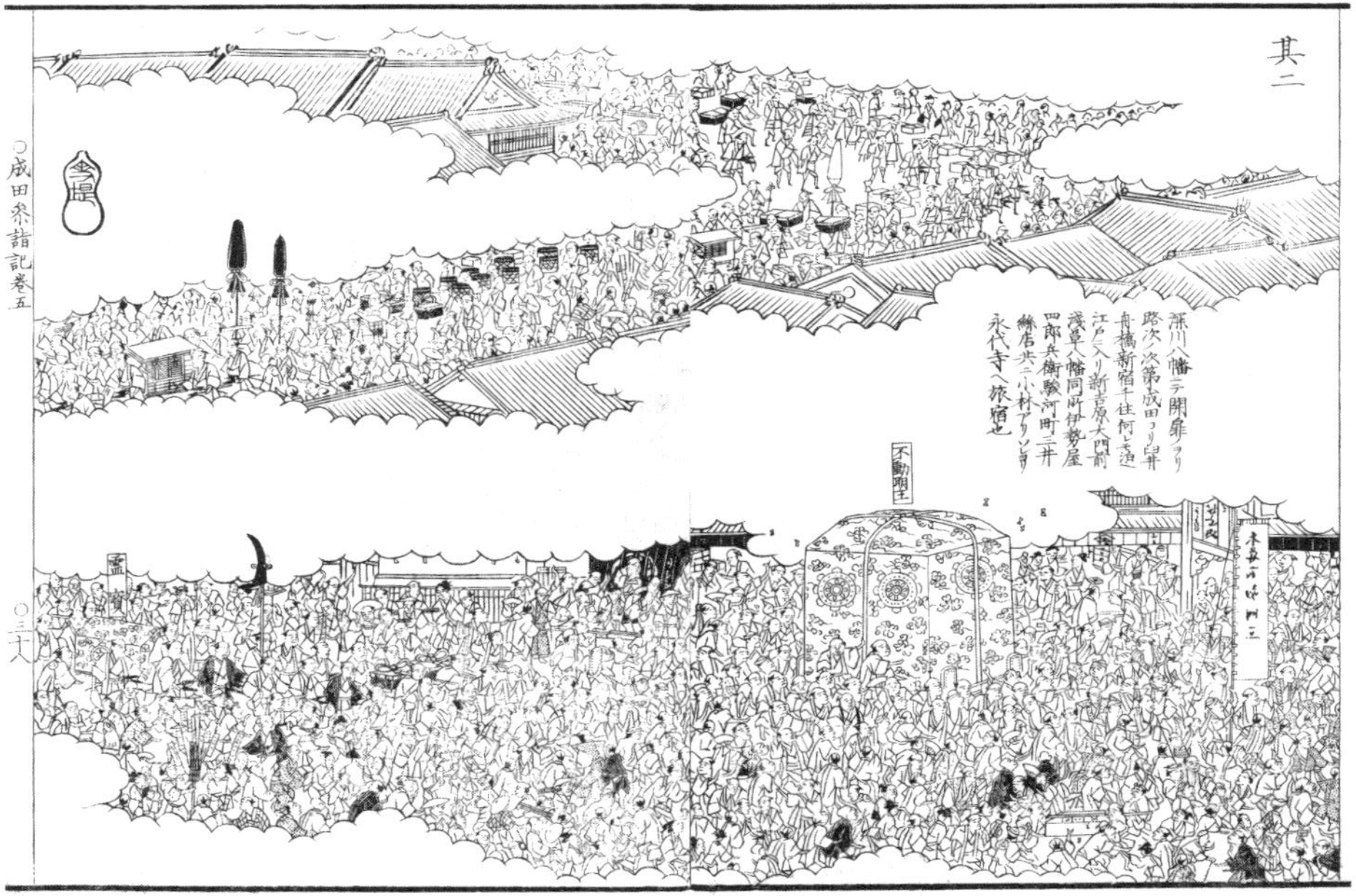

其二
成田参詣記巻五
三十八
深川八幡ニテ開扉アリ
路次ノ次第成田ヨリ臼井
舟橋新宿千住何レモ通
江戸ニ入リ新吉原大門前
浅草八幡同所伊勢屋
四郎兵衛駿河町三井
絲店共ニ小林アリソレヨリ
永代寺ヘ旅宿也
不動明王

『成田参詣記　巻五』

江戸へ着いた時、江戸城大奥《おおおく》の桂昌院《けいしょういん》という人が拝観されています。将軍の母親ですね。

それほどの行列がじつは本行徳の新河岸を通過したわけです。船橋で二隊に分けた一隊が来ました。行徳船に分乗して日本橋小網町《にほんばしこあみちょう》行徳河岸《ぎょうとくがし》へ行きました。以後、新勝寺の江戸出開帳の時は必ず一隊が新河岸を通過しました（『成田山新勝寺』）。

最初の江戸出開帳から八十六年後の開帳の時、つまり寛政《かんせい》元年（一七八九）に永代寺《えいだいじ》の出開帳の帰り道に本行徳の浄閑寺《じょうかんじ》に立ち寄って七昼夜にわたって御本尊を開帳しました。これはすごいことでしょう。このことは『葛飾誌略』という地誌に記載されています。江戸から成田へ行く老若男女《ろうにゃくなんにょ》が行徳船を利用したわけですから、このくらいのサービスはあってもいいのだろうと思いますが、皆さんはどう思われるでしょうか。

8　成田詣が始まった時代とはどんな時代だったのか

話があちこちそれてしまいましたが、成田詣が始まった時代背景を若干お話ししておきます。

元禄三年（一六九〇）に船着場が新河岸《しんがし》に移されました。新勝寺の最初の江戸出開帳の十三年前のことでした。この時に、行徳領三十三カ所観音札所巡礼《かんのんふだしょじゅんれい》が開始されました。

元禄八年には本日の講演会場を提供された下妙典の清寿寺さんが創建されました。清寿寺さんは成田道に面していますよね。

元禄十五年（一七〇二）八月に塩浜検地《しおはまけんち》が実施されました。同年十二月十四日に赤穂浪《あこうろう》士《し》の討ち入りがありました。翌年二月四日に赤穂浪士が切腹しました。そして新勝寺の出開帳が四月二十七日から六月二十七日まで深川で開催されるわけです。その年の十一月二十三日夜に元禄大地震が発生しました。この地震と津波で行徳塩浜の潮除堤が大破して荒浜になってしまいました。

現代風に考えますと、行徳では新河岸がオープンし、札所巡礼が開始して巡礼者も多数お詣《まい》りで通過しますし、何十年ぶりかに新しいお寺さんができ、塩浜検地もされて、赤穂浪士の話題もあり、そのような高揚した雰囲気の中で時代の流れとでも言いましょうか、新勝寺の出開帳の分隊が新河岸を通過したりして、この地方としては浮立った気分があったと思うのです。

しかし世の中、いいことばかり続かないものです。好事魔多《こうじまおお》し、と言いますよね。出開帳がされてから半年後に大地震が起きて世の中の空気が変ってしまいました。この辺の世《せ》相《そう》の様子は東日本大震災で私たちも経験してきたことです。同じ様だったと思います。この後、宝永《ほうえい》という時代になりますが、富士山が噴火したり天災が相次ぐ時代になるわけです。

9　成田道が各地で寸断される

時代は明治・大正となって、大正五年（一九一六）、江戸川放水路開削工事が始まりました。工事は大正八年に終りました。この間に大正六年十月一日、台風による大津波（高潮）が行徳を襲って塩田が壊滅しました。これはまさに東日本大震災の津波を思わせるような大津波でした。

成田道は江戸川放水路によって分断されてしまいました。この講演会場の先の妙好寺《みょうこうじ》さんの先一〇〇メートルほどで右折してすぐに左折すると江戸川堤防に出ます。じつはこの道が成田道でして、放水路によって途切れてしまいました。行き止まりです。

そんなわけで現代では成田道は妙典で終わっています。対岸は田尻です。そこからバス通りに出て原木中山《ばらきなかやま》駅、京葉《けいよう》道路を越して二俣、西船橋、船橋となりますが、西船橋でJR総武線などによって成田道は寸断されています。

本日は参加していただきありがとうございました。

参考文献

『市川市史』第一巻『本行徳村明細帳』
『行徳レポート　その（1）―年表・絵地図集―』
『成田市史』
『成田山新勝寺』
『現代語訳 成田参詣記』
『江戸名所図会』
『遊歴雑記』
『房総三州漫録』
『市川の伝承民話』
『ぎょうとく昔語り』
『英国貴族の見た明治日本』

徳川家康・松尾芭蕉・小林一茶の時代の南行徳の海岸線とは!?

――第十九回　南行徳街回遊展講座　南行徳市民センター

皆さん、こんにちは。この会場になっている市民センターの土地はいつの時代どのような使われ方をしていたのか考えながら時代の流れに思いをはせてみたいと思います。

1　南行徳とはどこからどこまでの範囲なのか

地図を参照しながら確認してみましょう。

押切《おしきり》・湊《みなと》・湊新田《みなとしんでん》・香取《かんどり》・欠真間《かけまま》・相之川《あいのかわ》・新井《あらい》までの地域を南行徳《みなみぎょうとく》と言いました。

これは旧市街《きゅうしがい》だけのことですので土地区画整理で誕生した地域を見てみましょう。

行徳駅前一丁目は土地区画整理前は押切と言った土地でした。行徳駅前二丁目は東西《とうざい》線《せん》行徳駅と交番がありますが、土地区画整理前は湊と呼ばれた地域です。新浜《にいはま》と入船《いりふね》と日之出《ひので》も旧湊です。行徳駅前公園がある地域は土地区画整理前は旧湊新田地域でした。また、鴨場《かもば》は今は新浜二丁目といいますが、昔は香取と湊新田の農家が持っていた塩田跡地でした。福栄《ふくえい》地域は旧香取と旧湊新田の農地でした。南行徳一・二丁目は旧欠真間と旧新井の農家の土地でした。南行徳三・四丁目は土地区画整理前は新井と呼ばれた地域でした。広尾《ひろお》と島尻《しまじり》は旧新井地域に入ります。

江戸時代では、押切村・湊村・湊新田・欠真間村・新井村となっていました。

明治二十二年（一八八九）の町村合併により、明治・大正時代は南行徳村（以下『市川市史年表』による）でした。

昭和十二年（一九三七）四月一日に南行徳町となりました。

昭和三十一年（一九五六）十月一日に市川市と合併。押切・湊・湊新田・欠真間・新井

のほか、香取・相之川・島尻が新たに大字となりました。南行徳小学校の運動会では人家が一軒しかなかった島尻を除いた七集落の大人たちによる「部落《ぶらく》対抗リレー」が行われて大変な人気でした。

2 徳川家康が行徳を直轄領とした頃の南行徳の海岸線

徳川家康《とくがわいえやす》が行徳を天領《てんりょう》としたのは天正《てんしょう》十八年（一五九〇）八月のことです。

> 地図を参照しながら一五九〇年頃の海岸線を想像してみましょう。Aで示したラインが南行徳地域での海岸線と想像できるラインです。

地図左は江戸川の流れになります。家康が天領にした頃は現在の旧行徳街道《かいどう》のバス通りが自然堤防と呼ばれた土地になります。標高が二〜三メートルです。人工的な堤防（川除《かわよけ》堤《つつみ》）などはなかった時代です。川近くの自然堤防の先には、東京湾の波が打ち寄せる海岸があり、川からの距離は狭い場所でおよそ三〇メートル、広い場所でも二〇〇メートル

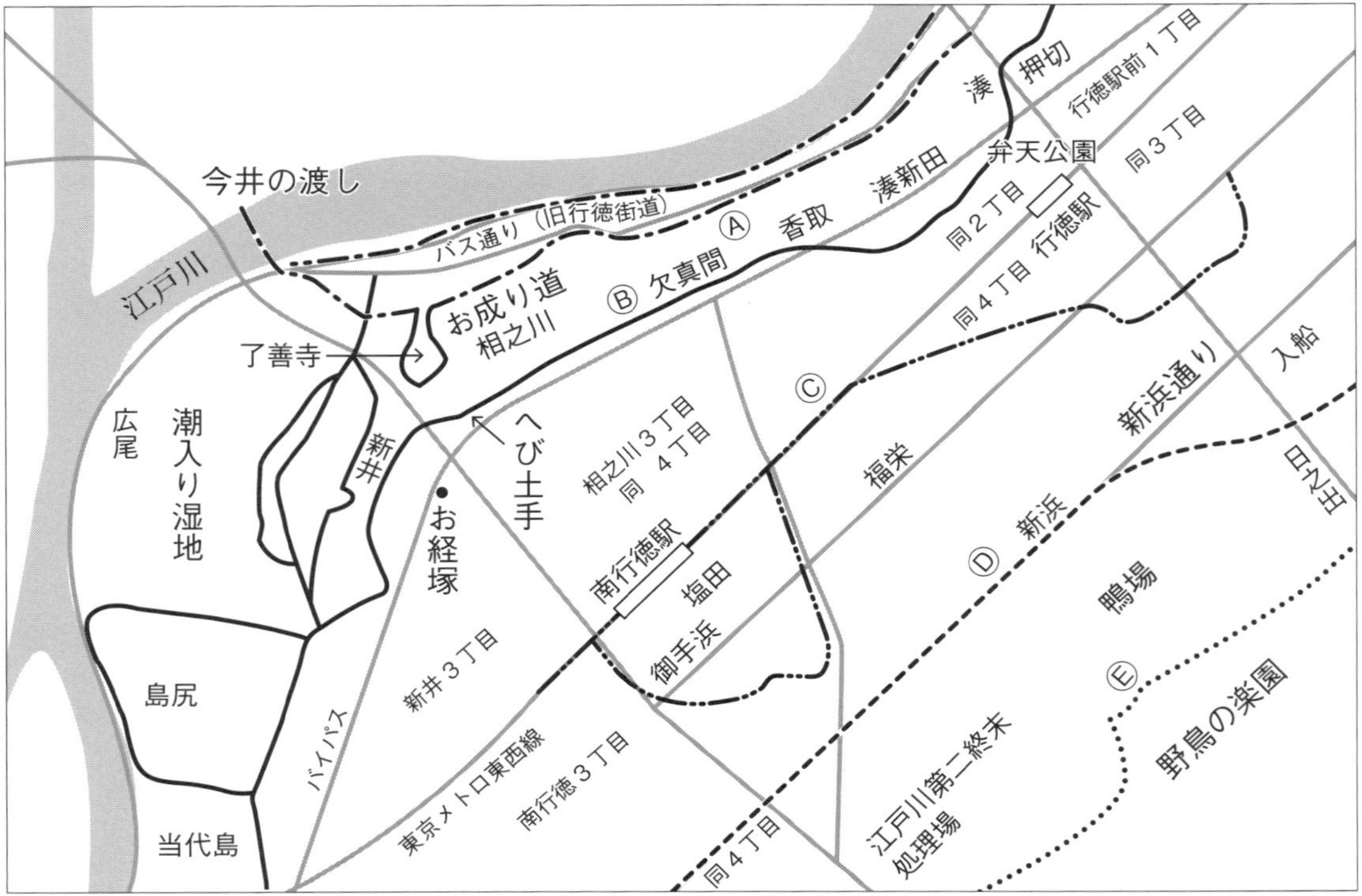

各時代の海岸線（Ⓐ－・－・徳川家康、Ⓑ――松尾芭蕉、Ⓒ－・・－・・とⒹ－－－小林一茶、Ⓔ・・・・・・明治）

まではなかった地勢でした。川沿いのエリアで黒い実線━・━で細長く囲んである部分がおおよその自然堤防の位置です。

地図で広尾《ひろお》とありますが、この地域は家康が来た時代は潮入りの湿地帯だったと考えられています。ですから新井小学校のあるエリアを含めて米を作るような農地とか塩を作る塩田にはできませんでした。ここが農地に開拓されるのは百十年後の元禄《げんろく》十五年（一七〇二）以後になってからでした（『行徳歴史街道4』所収「小林一茶が見た新井村の風景」）。『葛飾記《かつしかき》』（寛延《かんえん》二年〈一七四九〉）という地誌に、おおよその地理の形をもっていう時は「太ト井川《ふといがわ》利根川（今の江戸川のこと）の流れを云《いう》の東南のみをいひては、一国の府とするに足らず、地幅狭《ちはばきょう》して、河辺《かわべ》と海辺と野簿田《やぼた》又行徳の中も、地切迫にして、南は川より近きは二三町《ちょう》、遠きは十町に足らず、北は郊野山林のみなり計《ばか》りにして、熟田なし」と書いています。二町といいますとおよそ二一八メートルほどですから、江戸時代の中期までに塩田として開発された時代でさえ狭い細長い土地だったわけです。

地図の左側を見ていただきますと、新井と島尻と浦安《うらやす》の当代島《とうだいじま》がありますが、この地域はそれぞれが島状に孤立していたと考えられています。黒い実戦━━で囲んでおきました。相之川の浄土真宗《じょうどしんしゅう》了善寺《りょうぜんじ》は海中に突き出た形になっています。家康が代官を置いた場所です。吉田佐太郎陣屋として『葛飾誌略《かつしかしりゃく》』という地誌に紹介されています。

3　徳川家康が今井の渡しを渡り本行徳へ渡御した時のコース

徳川家康が東金《とうがね》に鷹狩《たかがり》に行く途中に今井《いまい》の渡しを渡り、本行徳《ほんぎょうとく》を通過しました。では、今井の渡しから南行徳を通過したコースはどのようなものだったのでしょうか。それはAのラインでした（別図の「砂州《さす》、浜堤《はまつつみ》、自然堤防上を徳川家康が通過したコース」をともに参照）。

まず、今井の渡しを渡ります。今は船を下りて川原から堤防を上った所に今井橋交番があります。交番の隣に相之川自治会館があります。その向かい側の急坂になっている路地

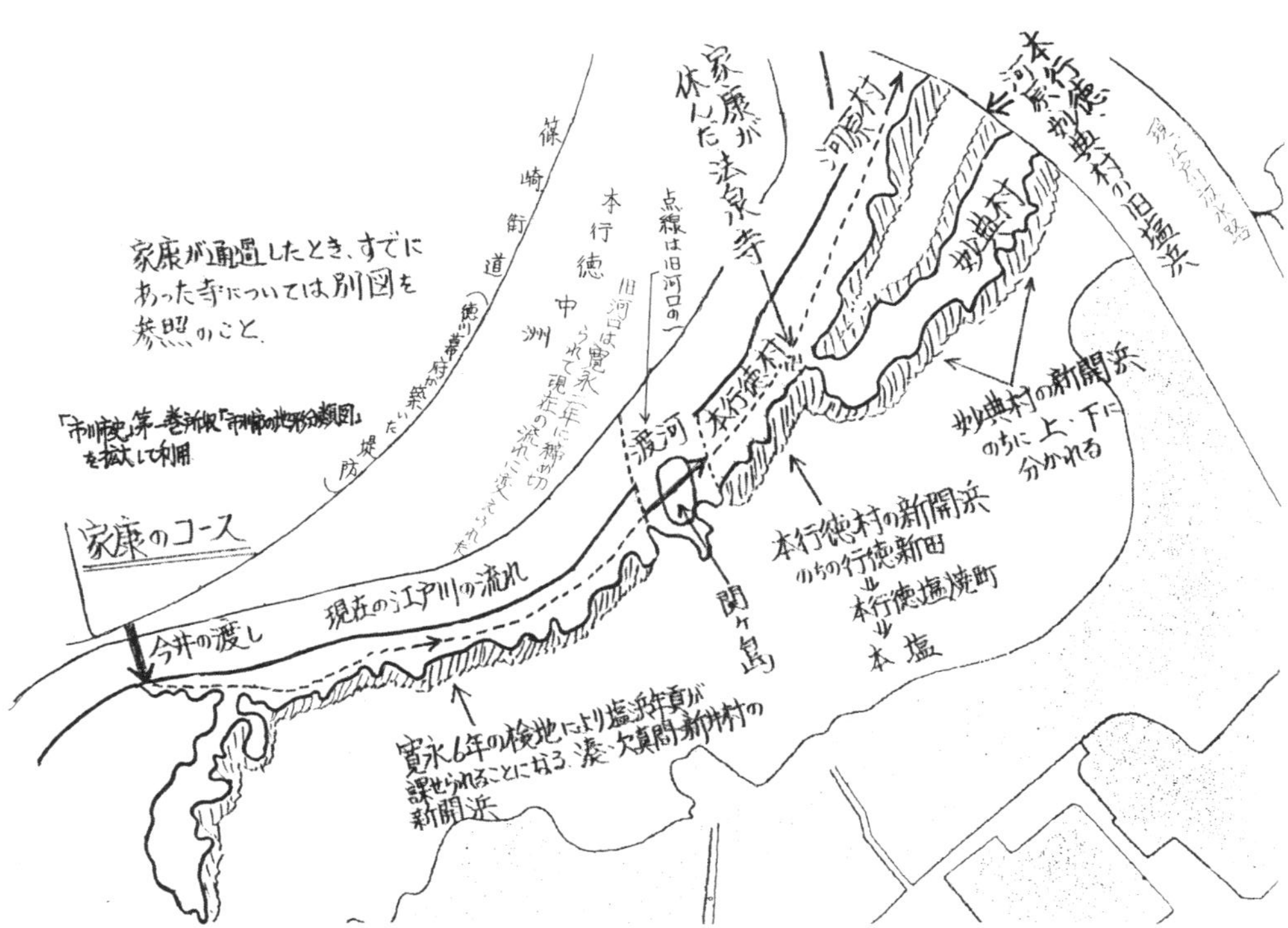

砂州、浜堤、自然堤防上を徳川家康が通過したコース

を下って進むとバス通りに出ます。右へ行くと旧新井村になります。左へ行くと信号になりますが、この道は大正十年以後（一九二一～）に作られたバイパス道路です。

そのやや左向かいの路地が家康が通過した道です。相之川の人たちは「お成《な》り道《みち》」と呼んでいます。一〇〇メートルほどで十字路になり、右へ行くと浄土真宗了善寺《りょうぜんじ》、左へ行くとバス通りに出ます。了善寺の土地は昭和二十年代（一九四五～）でさえも堀に囲まれたうっそうとした樹木が生い茂り、昼なお暗い寺地でした。

その十字路を直進すると日枝《ひえ》神社の境内に入ります。日枝神社は万治《まんじ》二年（一六五九）九月十日創建で家康が来た時にはまだありませんでした。ですからそこは東京湾の波が打ち寄せる砂浜だったことでしょう。日枝神社の境内を出てバス通りを進み左へ斜めの路地（本来は直線）を入り、その先で右へ折れ、更に左へ折れるとまたバス通りに出ます。これが旧道です。実際のバス通りでは右へカーブして行きますが、これはバイパスで旧道は直進するのです。

バス通りに出るとちょっと先の右に浄土宗源心寺《げんしんじ》があります。このお寺は家康が来た時にはまだありませんでした。慶長《けいちょう》十六年（一六一一）に家康の許可を得て創建されました。

さらに進むと香取《かんどり》神社が右手に見えてきます。行徳地域では最古の神社です。行政区域としては、次は湊新田、湊となりますが家康が来た時代は欠真間村の一部でありそのような地名すらまだありませんでした。ですから家康は欠真間村の中を進んだわけですが江戸川河口に突き当たります。この河口までが家康の時代の南行徳地域になります。

地図には押切とありますが、家康の時代にはここは川の流れの中なのでそのような土地はなかったわけです。その川の中に関ヶ島《せきがしま》があります。対岸は本行徳です。後年に権現道《ごんげんみち》と呼ばれるようになった浜堤があり、そこへ家康は上がって進んだのです。

先の了善寺は吉田佐太郎という代官がいたはずですので、代官所の役人は総出《そうで》で家康一行を迎え、周辺の警備に当たったことと思います。

4　松尾芭蕉が行徳を通過した時代の海岸線

松尾芭蕉《まつおばしょう》が行徳を通過したのは貞享《じょうきょう》四年（一六八七）八月十四日のことでした。徳川幕府の天領となってから九十七年が経っています。

松尾芭蕉が来た頃の海岸線は、おおよそ、市川・浦安バイパスのラインが目安です。図にBで示したラインです。

芭蕉はこのラインに示した海岸線の沖を船に乗って通過しているわけです。


じつはこのBのラインは新井や相之川の人たちがへび土手《どて》と呼んでいた堤防跡地を結んだラインです。へび土手とは元禄《げんろく》の時代までに築かれた耕地《こうち》囲《かこみ》堤《つつみ》跡地のことを言いました。塩田を囲った堤ではなかったわけです。というのは、それまでの塩浜というのは揚浜《あげはま》式《しき》と言って、皆さんが海水浴をする時にパラソルを立てたりする海岸の砂浜のような場所に塩田があったわけです。海はその先にあるわけです。

ですから、塩田として使えなくなった砂浜ができますと、そこを何とかして開墾して農地にして米や野菜を栽培するわけですが、その場所へ波しぶきや高潮が及ばないように堤防を築いて囲って防いでいたわけです。ですから図で示した黒線のラインよりも数十メートル前方に海岸線があったと言えるのです。そのように見ていただきたいと思います。

これは傍証《ぼうしょう》ですが、別図で『市川市字名集覧《いちかわしあざめいしゅうらん》』を付けましたのでご覧いただきたいと思います。ここに「塩浜新田《しおはましんでん》」という字地《あざち》があります。ここは今の新井一丁目の区画整理

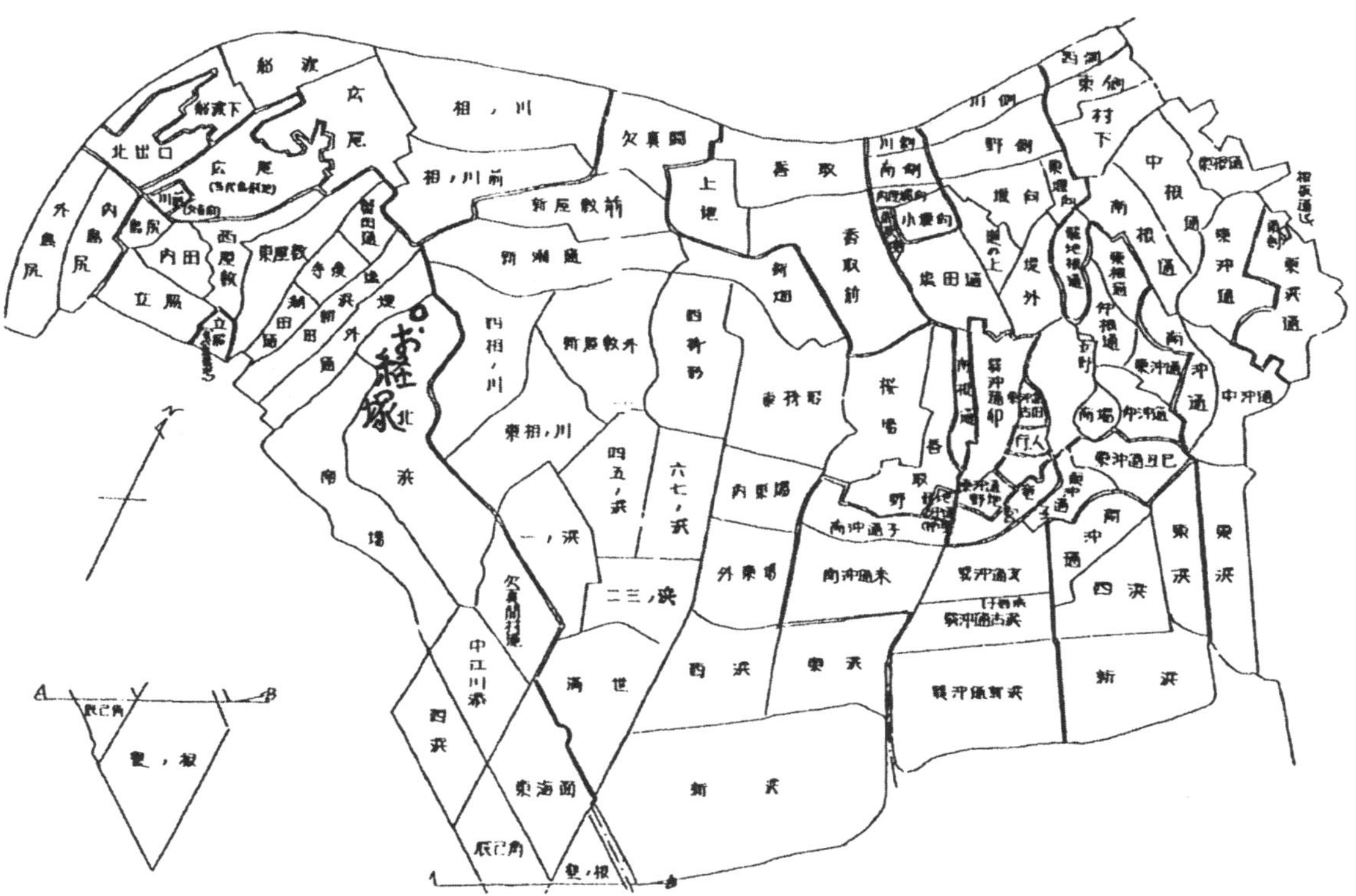

『市川市字名集覧』（市川市教育委員会）

前は水田だった土地で内匠堀跡地《たくみぼりあとち》の内側（バス通り側）になります。塩浜新田は江戸時代初期の塩田跡地です。「堤外通《ていがいどおり》」という字地を見つけてください。

塩浜新田の外側になります。堤外通とは言い得て妙でしょう。堤外通と塩浜新田の間にはへび土手と呼ばれた耕地囲堤がくねくねと続いていたんですよ。塩浜新田の外側とへび土手の内側のラインに内匠堀が掘られました。ですから、新井地域では少なくとも元禄の時代になってから内匠堀が掘り進められたと言えるのです。しかもその堤外通のすぐ外側が海岸線であって、お経塚《きょうづか》がその最先端に塚としてやや小高い場所があったわけです。現在はお経塚と堤外通の間に市川・浦安バイパスがあるわけです。

これを指摘できるのは、私自身がこの付近の農地の地主であり農家の跡取り息子で区画整理組合員の一員ということもあって、当時の地勢というものをよく知っているから言えることなのです。

その視点で改めて図を見ますとバイパスの右側にお経塚がありますが、ここは新井寺《しんせいじ》の慈譚和尚《じたんおしょう》というお坊さんが貝殻にお経を書いて塚を築いた場所です。無論、高潮や津波、洪水などの災厄《さいやく》から塩田を護るための願いを込めたものでした。その塚がへび土手の前方に位置しているわけです。

昭和27年頃の南行徳小学校
(『未来を拓く子どもたちへ』市川市立南行徳小学校創立120周年記念誌)

へび土手は一部が南行徳小学校校庭付近まで枝分かれしています。これは南行徳小学校の昭和二十七年頃(一九五二)の空中写真にも写っています(写真上部左の太い帯状の所がへび土手。上部右の消滅した部分は小学校の校庭方向に延びていたとされる。校舎下は内匠堀)。

またBの図面に戻って、右へ目を移しますとラインは胡録《ころく》神社と弁天《べんてん》公園に続きます。この二カ所は江戸時代初期は海上に浮かぶ島でした。これは間違いがありません。地誌でもその様に指摘しています。江戸川河口があったために本行徳と欠真間が川で途絶していたわけですが、欠真間村側にあった島だった今の胡録神社と弁天公園の土地では、かがり火を焚いたり白煙玉を打ち上げたりして江戸川河口を出入りする船などに合図をしていたという説があります（『葛飾風土史 川と村と人』）。なお、徳川家康が来た頃は胡録神社はまだ創建されていませんでしたので、ただの島だけがあったということです。

徳川家康が来た頃の海岸線でいいますと、今の湊という土地でいったん途切れるわけです。押切は昔の江戸川河口の中に位置していたわけです。ですから、家康が来た時には江戸川河口がありましたから道はここで途切れます。
しかし、松尾芭蕉が来た頃はすでにここは埋め立てられて地続きになっていて、押切村、伊勢宿村《いせじゅくむら》、関ヶ島村で次は本行徳村となります。この時代はまだ本行徳村は一村であって分割されていませんから、後年に四丁目とされた場所に芭蕉は上陸したわけです。途中の押切には現在おかね塚がありますが、芭蕉が来た時にすでにここにあったかどうかはよくわかっていません。

松尾芭蕉は東京都江東区の深川《ふかがわ》の芭蕉庵《ばしょうあん》から仕立船《したてぶね》に乗って、小名木川《おなぎがわ》〜船堀川《ふなぼりがわ》（新川《しんかわ》とも）〜当代島《とうだいじま》の船圦川《ふないりがわ》〜東京湾（後年にできるお経塚などの前を通って塩田を見ながら）〜おかね塚前〜本行徳（後年の四丁目）教信寺《きょうしんじ》（当時は教善寺《きょうぜんじ》）付近の船着場に上陸というコースを進んだのです。ですから、芭蕉はその三年後に設置されることになる新河岸《しんがし》のことは知らないわけですし利用もしていないわけです。これは確かです。

このようなことを俯瞰《ふかん》しますと、徳川家康が来た時代の海岸線から芭蕉の時代の海岸線までは一〇〇〜五〇〇メートルほど海岸線が前方へ出ているわけです。ほぼ百年の間にですよ。農民が利用できる土地が増えたわけです。これは慶長地震（一六〇四）による隆起もあると思いますが海退《かいたい》現象とも言えるでしょう。

5　小林一茶が行徳を訪れた時代の海岸線　その1

小林一茶《こばやしいっさ》の行徳訪問については二回に分けて図に示しました。

一茶は寛政《かんせい》三年（一七九一）三月二十六日に江戸を発ち、房州《ぼうしゅう》を行脚《あんぎゃ》して、帰路四月八日に本行徳新河岸から行徳船に乗って江戸へ帰りました。このことを『寛政三年紀行』

として発表するわけです（『行徳 歴史の扉』）。

その時代の海岸線といいますと、おおよそ、地下鉄東西線南行徳駅から行徳駅へ向かうラインだと言えます。これははっきりとそう言えるわけです。図でCで示したラインです。ただし、行徳駅前公園付近では享保《きょうほう》の時代（一七一六～一七三五）に盛んに塩田開発がされましたので、黒線━・・━で示しましたが、新浜《にいはま》小学校よりもずっと前方のラインまで海岸線は後退していたと思われます。

じつは一茶が通過した四月八日から四カ月後の八月六日に大津波が行徳を襲うわけです。塩浜は大破し、民家も流され、原木村《ばらきむら》などは三百人余もおぼれ死んだというのです（『葛飾誌略』）。前代未聞《ぜんだいみもん》の大災害でした。木に登り屋根に取付いてようやく助かった人もいたとしています。東日本大震災の時の津波の様子と同じです。

徳川幕府としては塩浜が壊滅《かいめつ》しましたので農民の生活を何とかしなくてはなりません。でないと、塩浜年貢も徴収できなくなってしまいます。そこで、欠真間地先海面干潟の塩田開発をすることにしました。つまり、これは今でいう公共事業ということなのですが、農民は働きに出て給料がもらえたので大助かりということになりますが、その結果として幕府直営の塩田が七カ所できました。幕府直営事業で、ですよ。それを御手浜《おてはま》(公園名になっている)と呼んだのですが、一之浜《いちのはま》から七之浜《なゝのはま》まで名前を付けました(『葛飾誌略』)。

もう一度さきほどの『市川市字名集覧』をご覧いただきたいのですが、そこに一之浜などの字地を見つけてください。じつは一之浜と四五之浜《よんごのはま》の位置の上部に接するようにして現在の地下鉄東西線の線路があります。一之浜という字地の上部に今、南行徳駅があり、本日の会場の市民センターがあるわけです。

これは本当のことです。ということは、今から二百三十年ほど昔には市民センターのある場所は東京湾の波が打ち寄せる海岸だったということです。なぜそう言えるかといいますと、この時代の塩浜は入浜式《いりはましき》と言って、海の中に堤防を築いて海水をせき止めて、海だった場所に塩田を作る方式です。ですから一~七之浜までの塩田はすべて海の中に作られているわけです。

まあ、行徳という所は昔からゼロメートル地帯とか言われていますが、その遠因といいますか原因というものは塩田開発の結果でもあるのです。もちろん昭和三十～四十年代（一九五五～一九七四）にかけて二メートル近くも地盤沈下したことも大きな原因の一つです。

そんなわけで、小林一茶が『寛政三年紀行』を著した時代の南行徳地域の海岸線は東西線南行徳駅付近だと言っていいのです。これは断言できます。つまり当時の市川市南行徳一丁目・二丁目付近のエリアはカレイやエイなどが泳ぐ海だったと言っていいでしょう。

余談ですが、地元で龍宮様《りゅうぐうさま》と呼ばれる一之浜竜王宮《いちのはまりゅうおうぐう》という塩田の守り神が区画整理の時に南行徳駅前の一等地になったところにありまして、つまり一之浜という塩田に祀られていたのですが、土地区画整理の時に東海面《とうかいめん》公園に遷座《せんざ》されました。

また、富美浜《ふみはま》小学校とか富美浜自治会などの名称がありますが、富美浜というのは、区画整理の時に学校用地が区画整理組合によって確保されましたが、その中に仮称二三之浜《にさんのはま》小学校というのがありまして、それを別の字を当てて読み替えているわけです。もとは塩田の名前なのです。二は（ふぅ）ふたつ、三は（みぃ）みっつと言いますよね、だから「ふみ」というわけです。

6　小林一茶が行徳を訪れた時代の海岸線　その2

次に小林一茶が来たのは文化《ぶんか》十二年（一八一五）と文化十三年（一八一六）です。これは『七番日記《しちばんにっき》』に書いています。

この時代の海岸線と言いますと、おおよそ、現在の新浜通り《にいはまどお》りのラインです。Dで示しておきました。

この根拠と言いますと、幕府は文化四年（一八〇七）に新井村から二俣村《ふたまたむら》まで約一二・六キロにわたり塩浜海面囲堤（六千八百七十四間）を築いたことが挙げられます（『葛飾誌略』）。

その二年後の文化六年（一八〇九）に当代島村二町《ちょう》七反《たん》二畝《せ》、新井村十六町四反、欠真間村十三町七反一畝、下妙典村《しもみょうでんむら》三町九反二畝の合計三十六町八反二畝（約十一万坪《つぼ》）の新塩浜開発を命じました（『下総行徳塩業史』）。開発の主力は新井村と欠真間村とわかるでしょう。

一口に新塩浜を拓《ひら》くと言いますが、現実としては、
①まず最初に海中に防潮堤を築き
②次に堤の内側で塩田の造成作業をする
という段取りになります。入浜式塩田では築堤《ちくてい》工事というものが常に先行するわけです。

大規模な築堤工事が二年間行われ、その後に新塩浜の開発がされたのでした。


新井村に鈴木清兵衛《すずきせいべえ》という名主がいました。俳号を行徳金堤《ぎょうとくきんてい》あるいは鈴木金堤と称しました。私の自宅から一〇〇メートルほどの所に金堤の家がありました。今はありません。

そこへ文化十二年十月四日に小林一茶が来たわけです。金堤を伴ってそのまま高谷《こうや》の真言宗安養寺《しんごんしゅうあんようじ》へ行きました。二泊しています。住職も一茶も金堤が出版した『勝鹿《かつしか》図志《ずし》手くりふね』に俳句を寄稿しています。まあ俳友という関係だったのでしょうか。

文化十三年十二月四日に一茶は今井の渡しを渡って金堤宅へ来て一晩泊まっています。酒など一杯飲みながら俳句をひねったのでしょうか。一茶は信州《しんしゅう》の俳友三人に手紙を書き金堤に出しておいてくれと頼みました。送料はもちろんと言いましょうか、た

ぶん、きっと金堤が負担したことでしょう。翌日金堤からの餞別《せんべつ》の金一片（一両でしょうか一朱でしょうか）を貰って茨城県に旅立ちました。

金堤という人は一茶のパトロンのように振る舞っています。貧乏人の見本のような一茶と比べますと金堤はさすがに名主ですからね。裕福です。そんな間柄ですが、プロである一茶とアマチュアの金堤とではやはり格が違ったということでしょうか。

言葉を添えますと、名主の鈴木清兵衛は文化四年から始まった大規模な築堤工事、文化六年から開始された新井村の新塩浜開発工事に全力で取り組んでいました。新井村が開発の一方の主力でしたからね。その工事が一段落した頃に『勝鹿図志手くりふね』を刊行しました。そして一茶が金堤宅を訪問したわけです。ですから、この点からも海岸線はDのラインだと言えるのです。

この時代までの行徳地域は天災が相次いで農民は暮らしが大変だったわけですが、一茶が行徳を訪れた頃の一時期は災害からの復興が進んで、ある意味、良い時代の一つだったとも言えるのではないかと思います。文化の花が咲いた時代と言えます。

7　明治・大正時代の海岸線

大正六年（一九一七）十月一日未明の大津波で南行徳地域の塩田も壊滅状態になり、十二年後の昭和四年（一九二九）九月三十日の第二回塩業地整理によって製塩が禁止されて米作りのための農地への転換が実施されました。

この時までの海岸線と言いますと、図にEとして示しました。ご覧いただきたいと思います。江戸川第二終末処理場～福栄《ふくえい》四丁目（野鳥観察舎がある）～新浜《にいはま》二丁目（鴨場がある）～日之出～幸《さいわい》のラインです。

終末処理場はもと塩田でのちにウナギの養殖場となり現在に至りました。
福栄四丁目地域ももと塩田でウナギの養殖場から現在の住宅地になりました。
鴨場ももと塩田で明治二十六年（一八九三）に香取と湊新田の塩田地主から明治政府が買い上げて設置されました。

8　干拓により海岸線は後退した

新井（村）などの旧行徳街道（自然堤防跡地）から丸浜川《まるはまがわ》に架かる塩浜橋までの距離はおよそ二〇〇〇メートルです。

湊（村）などの旧行徳街道から千鳥橋《ちどりばし》までの距離はおよそ一六〇〇メートルです。

以上の地域は、徳川家康が天正十八年（一五九〇）に行徳を天領とした時から現在までの四百三十年余りの間に行徳の農民が塩田開発を実施して作り上げた農地であり住宅地です。

行徳地域がゼロメートル地帯である遠因は塩田開発のための干拓地だったこと、直接的には大規模な地盤沈下のためだったと言えます。土地区画整理事業により一・五～三メートルもの埋立をしましたが、標高が〇・七メートルほどの地勢に過ぎません。

現代は海退よりも海進とも言われる時代です。温暖化といわれ海面上昇が危惧されています。行徳地域では、堤防の補強、排水施設などのさらなる増強が必要とされているのではないのでしょうか。

参考文献

『市川市史年表』
『市川市字名集覧』
『葛飾記』
『葛飾誌略』
『行徳歴史街道4』
『詳解 行徳歴史年表』
『行徳 歴史の扉』
『七番日記』
『寛政三年紀行』
『葛飾風土史 川と村と人』

行徳の大火事と塩蔵学校

――第八回　行徳　寺のまち回遊展講座

本日は本行徳《ほんぎょうとく》の日蓮宗《にちれんしゅう》常運寺《じょううんじ》さんの本堂をお借りしての講座です。皆さんとご一緒に御本尊様にお題目《だいもく》を唱えてから始めたいと思います。

じつは、常運寺さんも何年か前に火事に遭《あ》われたわけです。他の施設が全焼したのに幸いに御本尊様だけは焼けないで無事だったのです。奇跡だと言われたそうです。ですから枕返《まくらがえ》しのお祖師《そうし》様と古くから呼ばれるだけでなく、火除《ひよ》けのお祖師様とも呼ばれているそうです。

さて、この火事にまつわる塩蔵《しおぐら》学校とはいったいどのような学校だったのでしょうか。皆さんと一緒に行徳の大火事について勉強してみたいと思います。

1　行徳の大火と呼ばれる大火事が江戸時代に二回、明治時代に二回あった

行徳の大火《たいか》で特徴的なのは季節としては春先であること、南西の強風にあおられるということです。強風と火事は江戸時代からつきものです。

歴史に刻まれた行徳の大火は次のように四回記録されています。史料としては残されていませんので地誌などの民間の伝承となります。

（1）大坂屋《おおさかや》火事（江戸川の釣客とは）
（2）四丁目火事（『塩浜由緒書《しおはまゆいしょがき》』との関連とは）
（3）香取《かんどり》の大火（塩蔵学校とは）
（4）明治十四年の大火（火元は蒸気船）

2　大坂屋火事

この火事についての年代は明和《めいわ》六年（一七六九）以前としかわかっていません。資料

がないのです。ただ、誤解を恐れずに推論を述べて見ますと、私見《しけん》では宝暦《ほうれき》年代の初めの頃で宝暦元年（一七五一）あたりではないかと思うのです（『詳解 行徳歴史年表』）。四丁目火事の十八年ほど前のことです。

『葛飾誌略《かつしかしりゃく》』という地誌《ちし》を読みますと、あとで申し上げる四丁目火事というのがあったのが明和六年で、その前に大坂屋火事という火事があって笹屋《ささや》などが焼けた、と書いています。記載はそれだけです。焼けた原因（放火《ほうか》か失火《しっか》か）も季節も範囲も不明です。火元は大坂屋というのは確かです。しかし、手掛かりが二つあります。大坂屋と笹屋です。大坂屋というのは旅宿《たびやど》です。本行徳に旅宿は十余軒ありました。地誌では新河岸《しんがし》の南側としています。常夜燈《じょうやとう》が立っている場所は新河岸《しんがし》ですが、笹屋がある行徳街道へ出るまでの広小路《ひろこうじ》の両側や、本行徳一丁目までの行徳街道と江戸川との間に旅宿があったわけです。

大坂屋がどのあたりにあったのかよくわかっていませんが、もし、笹屋と離れた場所であればかなりな家が焼けたはずです。また、離れていなくても風が強ければたくさんの家が焼けたでしょう。地誌では「笹屋など焼けたり」としていますのである程度の数の家が類焼したのでしょう。当時の地誌の著者の調査でもよくわからなかったのかも知れません。

大坂屋というのは文化《ぶんか》十年（一八一三）当時は釣り宿を主とした旅宿だったようです。『遊歴雑記《ゆうれきざっき》』という紀行文に紹介されています。大坂屋又八《またはち》と名乗っていたようです。その時代の江戸川は釣りに絶好の場所だったようです。江戸からの釣り客が繁々《しげしげ》と通いました。

かくいう私も釣り人の一人で趣味はと訊《き》かれれば釣りと答えるほどの人間です。釣り道楽というわけです。昔も今も同じで釣り人は自分の釣り道具を釣り宿に預けっぱなしにするものなのです。常連客ほどそうです。大坂屋又八は網とか釣り道具などを預かって弁当などの世話をしていました。網というのは投網《とあみ》のことです。これはたぶん鯉《こい》を獲ったのでしょう。江戸川の鯉はとっても美味しくて有名でしたからね。利根川鯉（『葛飾誌略』）とか紫鯉《むらさきごい》（『葛飾記』）とか言いました。

江戸の釣り客の釣り場は日帰りの場合はほとんどが中川のキス釣りなどです（『江戸名所図会』）。中川というのは小名木川《おなぎがわ》を出たところの川です。番所《ばんしょ》を横目で見ながらの釣りです。水というのは人が多いとどうしても汚れます。仕方ないです。その点では江戸川はとてもきれいで江戸城の茶の湯の水として水船で運んで使ったほどですから（『江戸川区の史跡と名所』）、そこで釣れる魚はとびきり美味しいわけです。ですから江戸の旦那衆《だんなしゅう》は泊まりがけで行徳へ釣りに来ました。お店《たな》の旦那衆が、あのう、旦那衆がですよ、わざわざ荷物になってしまう網や釣道具を持参するわけがないじゃないですか。臭いもつくしですね。だから旅宿が預かるわけです。客商売ですからね。

大坂屋火事があった時は『遊歴雑記』が書かれるよりも六十年ほど前の出来事ですから、その時も「釣り宿」だったかどうかはわかりません。しかし、そうだったかも知れないと思うのは人情でもあると思いますよ。大坂屋又八は釣りだけでなく、東京湾で潮干狩りもさせていましたしね。他の海浜よりも格段に大きい蜊《あさり》・蛤《はまぐり》が獲れてお客さんが大喜びしたそうです。

笹屋さんのことに触れたいと思います。ここのうどんは名物で旅人の立寄らざるはなし、というほどでした（『葛飾誌略』）。別の意見もあって、風味粗悪にて、と辛口批評している紀行文もあります（『遊歴雑記』）。これは見解の相違といってしまえばそうなのですが、著者が接待してもらえなかった腹いせとか、店主から丁重な客扱いがされなかったことを根に持っての文章だと考えるのは現代人のうがった見方でしょうか。

そんなに風味粗悪なうどん店が、初代が始めた寛永《かんえい》十三年（一六三六）頃から文化十年

（一八一二）まで百七十七年間も続くわけがないのです。もちろん明治維新後（一八六八〜）も笹屋は存続していたわけです。なお、笹屋さんの祖は浄土宗《じょうどしゅう》浄閑寺《じょうかんじ》さんを創建した大檀那《おおだんな》の一人でもあります（『仮名垣魯文の成田道中記』）。

この笹屋さんの建物が大坂屋火事の時に焼けたというのです。一七五一年頃の出来事だろうと私は考えているわけです。

3　四丁目火事では棟数およそ三百棟の被害

この火事がどれほど凄かったかといいますと、皆さんよくご存じの常夜燈がある四丁目から火が出て、三丁目・二丁目・一丁目・行徳新田（現、本塩《ほんしお》）・下新宿《しもしんしゅく》・河原《かわら》（表通りまで）まで焼き尽くしたことです。明和六年（一七六九）二月十六日のことでした。今から二百五十年ほど前のことですね。火元についての記載はありません。

しかし、この時に一丁目の神明社《しんめいしゃ》だけは焼けなかったと『葛飾誌略』という地誌に書かれています。奇跡と言えば奇跡ですが、行徳塩浜十五ケ村の総鎮守《そうちんじゅ》だったので村人が防火活動をして守ったのかも知れませんが、そのような記録がありません。

江戸川下流の本行徳村の隣村《となりむら》の関ヶ島村《せきがしまむら》はまったく被害がなかったようです。というのは、被害があったと文献で残っていないからそう言っているのですが、ともかく被害がなかったと考えられるわけです。なぜそうなのかと考えますと、これはやはり火事の風上《かざかみ》だったからではないかと、火《ひ》の粉《こ》は風下《かざしも》へ飛びますので、下《しも》へ下《しも》へと燃え広がるわけです。

二月十六日と言いますと、現代の三月後半ということで、ちょうど、春のお彼岸《ひがん》過ぎ頃という季節です。この季節は消防署なども消防車を出して忙しいじゃないですか。

火の用心に気を付けてくださいと広報してますよね。この頃は「春一番」とか「春二番」とか言って南西の暴風が吹き荒れるわけです。

> 四丁目火事焼失地域という図を添付しておきましたが、それをご覧いただくとわかりますが、本行徳の付近は四丁目から河原に向かって方角としては南西になっているわけです。ですから季節風としては春は南西の強風、秋は北東の風ということです。

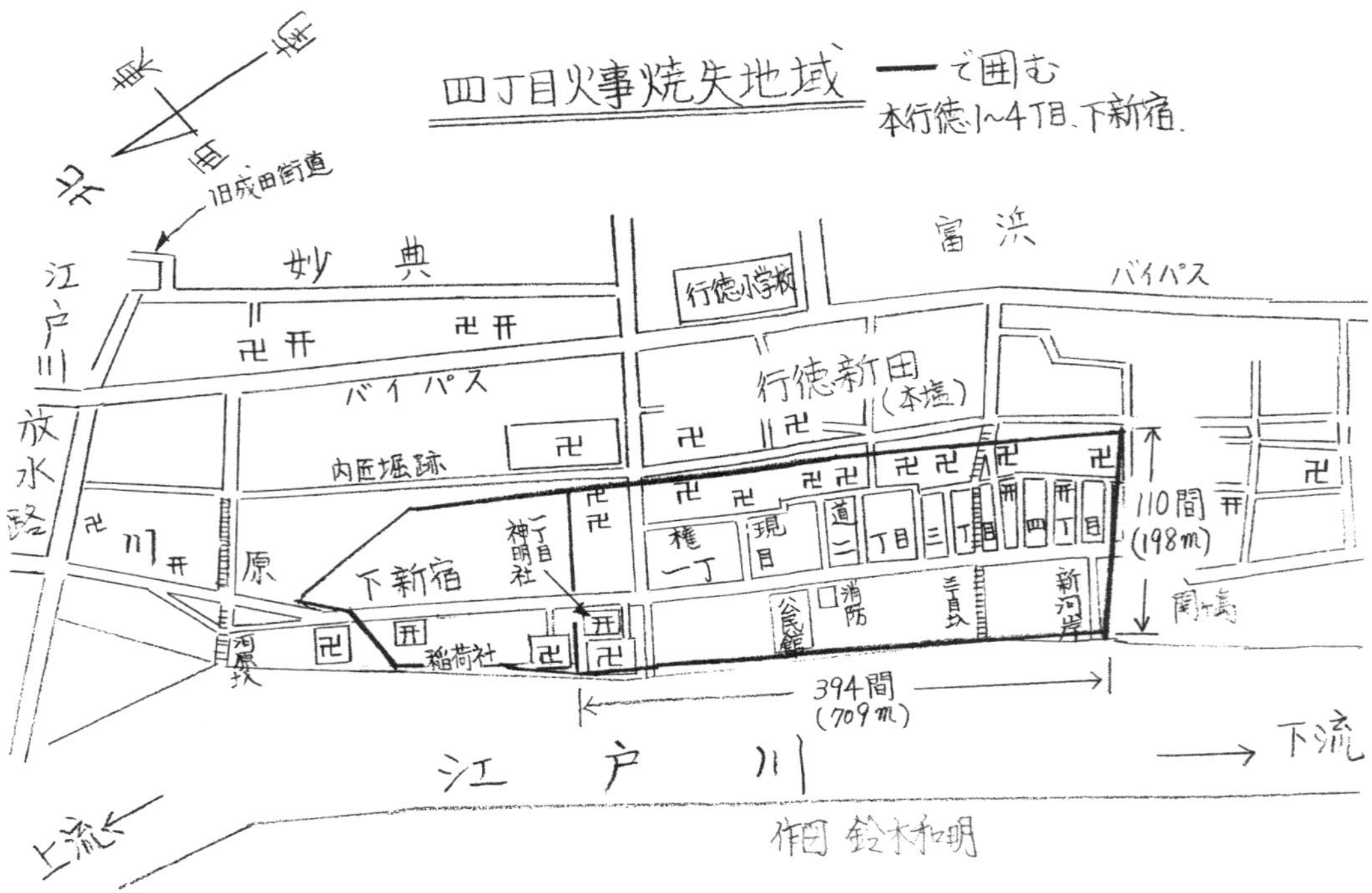
四丁目火事焼失地域 ━ で囲む
本行徳1～4丁目、下新宿。
東
西
南
北
旧成田街道
江戸川
放水路
妙典
富浜
行徳小学校
バイパス
行徳新田（本塩）
内匠堀跡
下新宿
原
川原
一丁目神明社
稲荷社
権現道
一丁目
二丁目
三丁目
四丁目
公民館
消防
新河岸
関ヶ島
110間（198m）
394間（709m）
江戸川
上流
下流
作図 鈴木和明

この南西の風というのは江戸川を国府台《こうのだい》を通過して遡《さかのぼ》っていく船にとってはまことに都合のよい順風ということで、高瀬船《たかせぶね》などは大きく帆を張って上ったわけです。ところがいったん火事ということになりますと、特に現代の三～四月にかけては春一番、春二番などという暴風が吹くものですから、大災害となるわけです。ですから地誌に書き残されないような中規模な火災というものはけっこうあったのではないかと思います。

本行徳一～四丁目の町並みは文化七年（一八一〇）当時で江戸川に沿って三百九十四間（約七〇九メートル）縦に百十間（一九八メートル）でした（『葛飾誌略』）。図に示しておきました。このエリアに行徳新田（現本塩）は含まれていませんから、本塩を加えますと焼失面積はかなりなものになります。それが焼けたというのです。

これからお話しすることはとても重要なことです。ただ、文献で書かれたもの、つまり、史料というものがありませんので、私の私見ということでご了承いただきたいと思います。

注目点としては、明和六年二月十六日に四丁目火事がありましたが、その年の八月に「塩浜由緒書」が作成されていることです。大火事と関連があるだろうと考えるのが自然だと思います。少なくとも私はそう思ったのです（『行徳歴史街道2』所収「行徳の大火と塩浜由緒書」）。

由緒書の冒頭に次のような趣旨の文言《もんごん》が述べられています。明和六年冬、塩浜年貢減免《しおはまねんぐげんめん》をお願いしたところ、認められなかった。それでは百姓どもの生活が立ち行かないので、徳川吉宗様の厚い信頼を賜《たま》わっていた元行徳塩浜の代官小宮山杢之進《こみやまもくのしん》様に前々から聞き合わせ書きとめてあった書面を覚え書きとして提出してもらったところ、年貢減免が認められた、という趣旨のことが書かれています。

明和六年冬とは四丁目火事があった年ではありませんか。家財道具を焼かれただけでなく、冥加《みょうが》年貢として毎日一石《こく》（十斗）の塩を江戸城に納品するために貯蔵してあった塩（これを囲塩《かこみじお》という）をすべて失ってしまったのです。

このように塩浜由緒書の出自《しゅつじ》を考察する時、行徳塩浜の百姓たちの行動はとても素早いものがあったと思うのです。これは素晴らしいことです。有力な指導者というか知恵者《ちえしゃ》がいたことでしょう。相当な資金を使い、伝手《つて》を頼って運動したことでしょう。

幸いにも年貢減免は認められ、以後、塩浜由緒書は幕末に至るまで行徳塩浜の農民にとって大切な文書《もんじょ》となりました。行徳塩浜での名主《なぬし》交代の時には「小宮山杢之進様御書《おんかき》付《つけ》」と引継目録にあるほどの重要引継文書として扱われてまいりました。

4　香取の大火と塩蔵学校

明治十四年（一八八一）三月、現在の市川市香取《かんどり》地域で大火事が発生しました（『浦の曙』）。現在のエリアとしては香取の北が湊新田《みなとしんでん》、南が欠真間《かけまま》です。火事の出火元《しゅっかもと》は不明です。この頃は新暦《しんれき》になっていますのでやはり春一番という暴風が吹いたのでしょう。

この火事で浄土宗源心寺《げんしんじ》さんが焼失しました。じつは、このお寺さんに当時、欠真間小学校があったわけです。欠真間小学校は明治六年（一八七三）三月十五日、行徳小学校欠真間分校として創立、十月に拡智《かくち》小学校として独立、明治七年十月、欠真間小学校と改称、明治十一年六月、湊小学校と新井小学校を合併しました。湊と新井は分校として別の場所にありました。
欠真間小学校は創立時は男三十五、女十五の合計五十人の小学校でしたが、明治十四年当時の生徒数は不明です（『市川市史年表』）。

子どもたちは勉強する校舎を失いましたので、どうしようかということになって、欠真間村字相之川《あざあいのかわ》の小川市兵衛さんという人の塩蔵《しおぐら》を借りて、そこで勉強を再開しました。ですので塩蔵学校というわけです。市兵衛家というのは相之川地域その他の小川姓の本家筋に当っています（『浦の曙』）。

やはり、江戸時代を通じて塩田経営をされて来た旧家《きゅうか》などは、塩を保存、貯蔵しておく蔵を持っていたわけです。そのうちの一つでしょうか二つでしょうか、子どもたちのために明け渡して提供したのです。商売にも支障をきたしたでしょうから、篤志家《とくしか》と言ってもいいのでしょう。
なお、源心寺さんの本堂が再建されたのは明治三十年（一八九七）になってからのことでした。火事から十六年も経っていました。檀家の方々も被災されたでしょうから、その立ち直りを優先して寺の再建は後回しだったのでしょう。

5　蒸気船が火元の明治十四年の大火

この火事の特長は、行徳通船《ぎょうとくつうせん》という会社の蒸気船が火元《ひもと》だということです。明治十四年（一八八一）四月三日午前三時に出火したとされています。行徳通船は行徳新《ぎょうとくしん》河岸《がし》と東京間（深川高橋《ふかがわたかばし》）を往復していました。香取の大火から何日も経っていませんでした。

午前三時ということは蒸気船が運航する時間帯ではないので、おそらくは蒸気船に寝泊まりしていた乗組員の火の不始末だったに違いありません。昼間だったら蒸気船の煙突から飛んだ火の粉が民家などに燃え移ったと思えますが、夜中ではそうとは言えないと思うのです。

蒸気船が火元なので新河岸の岸近くからずっと先まで焼けてしまったのです。三百戸以上焼失、行徳新田（現本塩）も飛火して焼けたと言われます。本行徳の町並みとしては一丁目の神明社の近くまで焼けたそうです（『浦の曙』）。ただし、『市川市史年表』では「行徳町に大火（二百七十余戸焼失）」と簡潔に記載されているだけです。

この火事で行徳新田（現本塩）の日蓮宗円頓寺《にちれんしゅうえんとんじ》さんも山門のみを残して、本堂、庫裏《くり》などが全焼、寺宝《じほう》、寺史《じし》を焼失しました（『明解 行徳の歴史大事典』）。

本行徳ではこの災害の復興仕事が急増して、一時的に人口が急増したと言われます。同様のことが明和六年の行徳の大火後にもあった現象なのではないでしょうか。民家、蔵、寺、神社、旅籠屋《はたごや》、茶屋、うどん店などの店舗、物置小屋、生活用具など、江戸時代でも大火後の復興需要はかなりあったと思います。

この火事は香取の大火後一カ月以内の火事です。やはり春一番か二番かわかりませんが一丁目の神明社近くまで焼けるには南西の暴風が吹いていたのかも知れません。

蒸気船について補足したいと思います。

もともとは寛永九年（一六三二）から行徳船が運航していましたが、明治十二年（一八七九）に廃止されました。原因は蒸気船に太刀打《たちう》ちできなかったからです。

蒸気船は明治十年（一八七七）五月一日に通運丸《つううんまる》という外輪《がいりん》蒸気船が江戸川筋に就航し

ました。利根川へ向かう船便で行徳にも途中寄港しました。終点ではありませんでした。現在は日通と言われている会社です。

明治十二年十一月になりますと、行徳通船という会社が蒸気船二艘を使って深川高橋から本行徳新河岸まで十二往復、一人金五銭《せん》、十二歳以下三銭、五歳以下無料、荷物一駄《だ》三十六貫目《かんめ》まで金七銭、持荷《もちに》三銭で営業を開始しました。これが決定的な影響を与えまして、手漕《てこ》ぎの行徳船はお手上げ状態になったわけです。

この行徳通船の船は新河岸が終点ですので、翌日の朝一番の出船に備えて岸に着船していたのですが夜中の三時に火事になったのです。

当時の蒸気船は水車《すいしゃ》を両舷側《りょうげんそく》に取付けていました。水車を外したポンポン蒸気船になったのは大正(一九一二〜)になってからです。内国通運《ないこくつううん》株式会社、のちの日通が新河岸までの定期便を就航させたのは行徳通船が出火元の大火事があってから二年後の明治十六年になってからでした。

参考資料として『市川市史』第二巻の「行徳新河岸 市川」(三代安藤広重画/船橋市西図書館蔵)を載せておきました。この絵を見ると蒸気船は通運丸で、外輪がついています。煙は左へなびいていますので、風は北東の風でしょう。左から右へ行っていれば南西の風

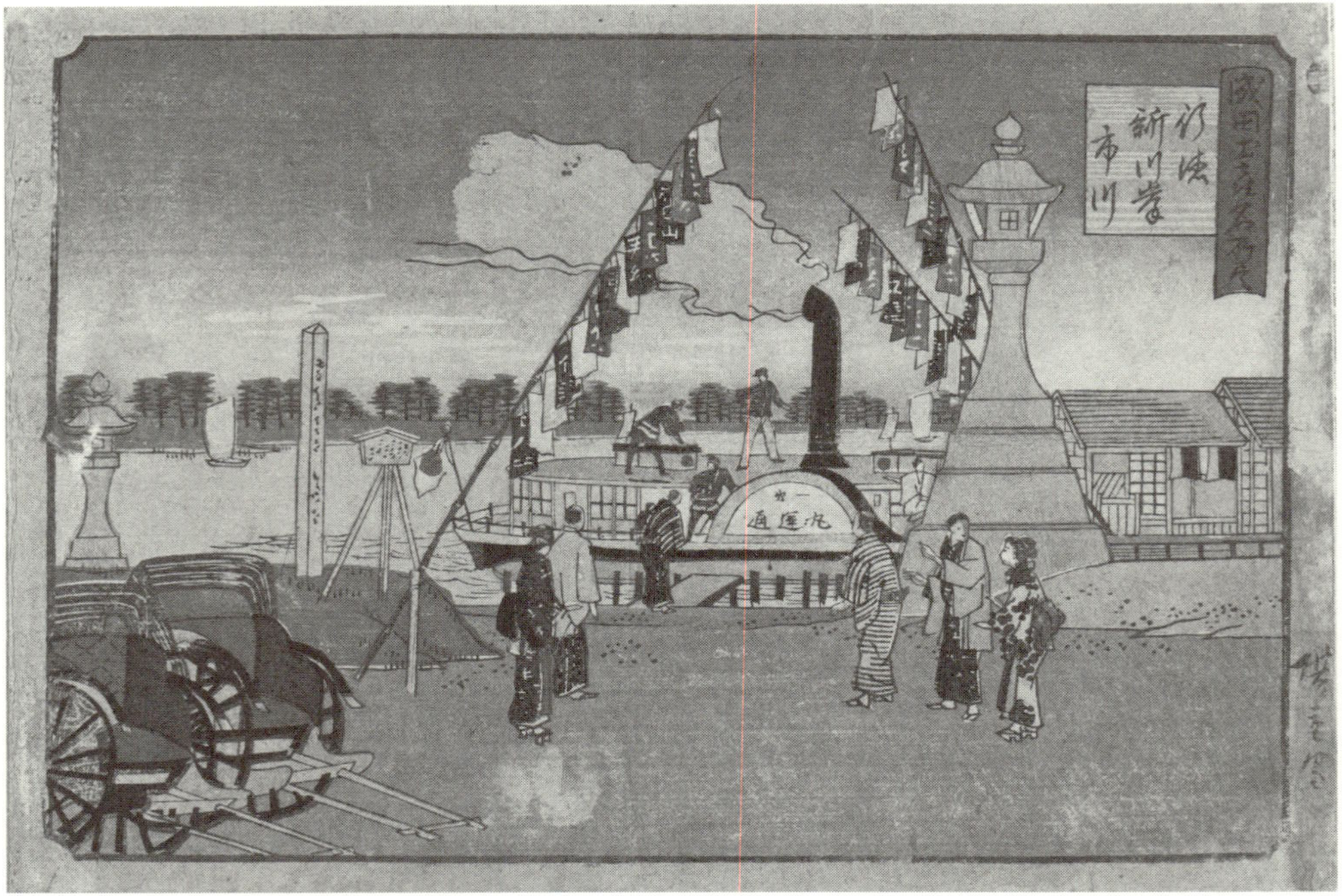

行徳新河岸　市川（『成田土産名所尽』）船橋市西図書館所蔵

ということです。人物の服装からすると春か秋でしょう。明治になるとさすがに駕籠《かご》とか馬はなくて人力車《じんりきしゃ》が客待ちしています。沖には帆をかけた和船《わせん》が見えます。であれば、明治前半の時代ではないでしょうか。常夜燈が二基あります。のどかで平和な様子がうかがえます。

参考文献

『葛飾誌略』
『浦の曙』
『市川市史年表』
『市川市史』第一巻、第二巻、第六巻上
『遊歴雑記』
『仮名垣魯文の成田道中記』
『行徳歴史街道2』所収「行徳の大火と塩浜由緒書」
『明解 行徳の歴史大事典』
『江戸名所図会』

伊能忠敬・葛飾北斎・行徳金堤の接点とは!?

――第十回　行徳　寺のまち回遊展講座「伊能忠敬と葛飾北斎」を改題

本日は妙典《みょうでん》の日蓮宗清寿寺《にちれんしゅうせいじゅじ》さんの本堂をお借りしての講座になります。御本尊様に向かって合掌をしてから始めたいと思います。

江戸時代、文化《ぶんか》（一八〇四～一八一七）に活躍した新井村《あらいむら》の名主《なぬし》鈴木清兵衛《すずきせいべえ》（俳号《はいごう》行《ぎょう》徳金堤《とくきんてい》）という人がいました。この人物は葛飾北斎《かつしかほくさい》と接点があり、なおかつ、伊能忠敬《いのうただたか》とも接触していました。時代の英傑《えいけつ》ともいわれる人物たちとどのようにして交わっていたのかを皆さんとともに勉強してみたいと思います。

1　伊能忠敬が行徳塩浜の海岸線を測量した

伊能忠敬という人については皆さんもよくご存じだと思います。略歴は別に記載しましたのでここではある一面をお話しします。

現代の日本では、私もそうですが、ある程度の年齢になりますと「引退」とか「定年退職」とかになります。江戸時代はそれを「隠居《いんきょ》」と言っていたようです。隠居という制度の自由な点は年齢はさして問題ではなかったことです。

> 様々な理由でそれまでの「職務」としての第一線を跡取りに譲り、今でいいますと第二の人生を歩むわけです。現代の日本では、この隠居ということがとても難しい時代だと感じています。隠居にはある意味、経済的な裏付けが必要とされるからです。

そういう意味では伊能忠敬は恵まれていたと言えます。別の言い方をすれば、経済的な成功をおさめた忠敬は、満を持して隠居し、その経済力をバックにそれまでの仕事とは全く違った道を歩んだのでした。

忠敬は地球の大きさを知りたいという願望があって、それが測量の道に進ませました。素人《しろうと》が測量技術の習得だけでなく、測量という仕事を実施する段取りまでもつけるということは並大抵のことではなかったようです。しかし、忠敬はそれをやってのけたのです。

①伊能忠敬は自分の歩幅で距離を測った

今ではGPSという文明の利器を使って測量していますね。作業服を着て道路などで測量している人を見かけると思います。資格としては測量士とか土地家屋調査士とかがありますよね。業種としては国土地理院とか測量専門会社があります。

> では、伊能忠敬はどのようにして距離を測ったのでしょうか。これは驚くべき方法でした。忠敬自身の歩幅《ほはば》で測ったのです。忠敬が測量の時の歩く時の歩幅は六九センチでした（『忠敬と伊能図』）。

皆さんにちょっと質問しますが、散歩してる人おられますか？　一万歩ですか？　忠敬の六九センチというのが狭いか広いかということはありますが、六九センチとして一万歩では六九〇〇メートルになりますね。

第一次測量と言って、この時は江戸から北海道までを測量しています。本州の中央を縦断しています。別図で第二次測量の経路図《けいろず》を示しましたので、それを見ていただきますと、第一次測量の時に宇都宮《うつのみや》～仙台《せんだい》～盛岡《もりおか》のラインで北海道へ行っています。帰りもそのコースで戻っています。この時に六九センチで測ったわけです。

第二次測量からは間縄《けんなわ》だとか、鉄鎖《てっさ》を使いました。さすがに忠敬も疲れるでしょうし、正確さということではやはり器具といいますか道具を使った方がいいのですから。

②測量隊の人数は？

行徳塩浜を測量したのは第二次測量の時です。総勢六名です。伊能忠敬（五十七歳）、内弟子《うちでし》四名、下僕《げぼく》一名。食事は一汁一菜《いちじゅういっさい》でよいと触れています。

内弟子の平山郡三と平山宗平は忠敬の親戚《しんせき》で、伊能秀蔵は忠敬の息子、箱田良助は縁戚《えんせき》のない弟子でした。

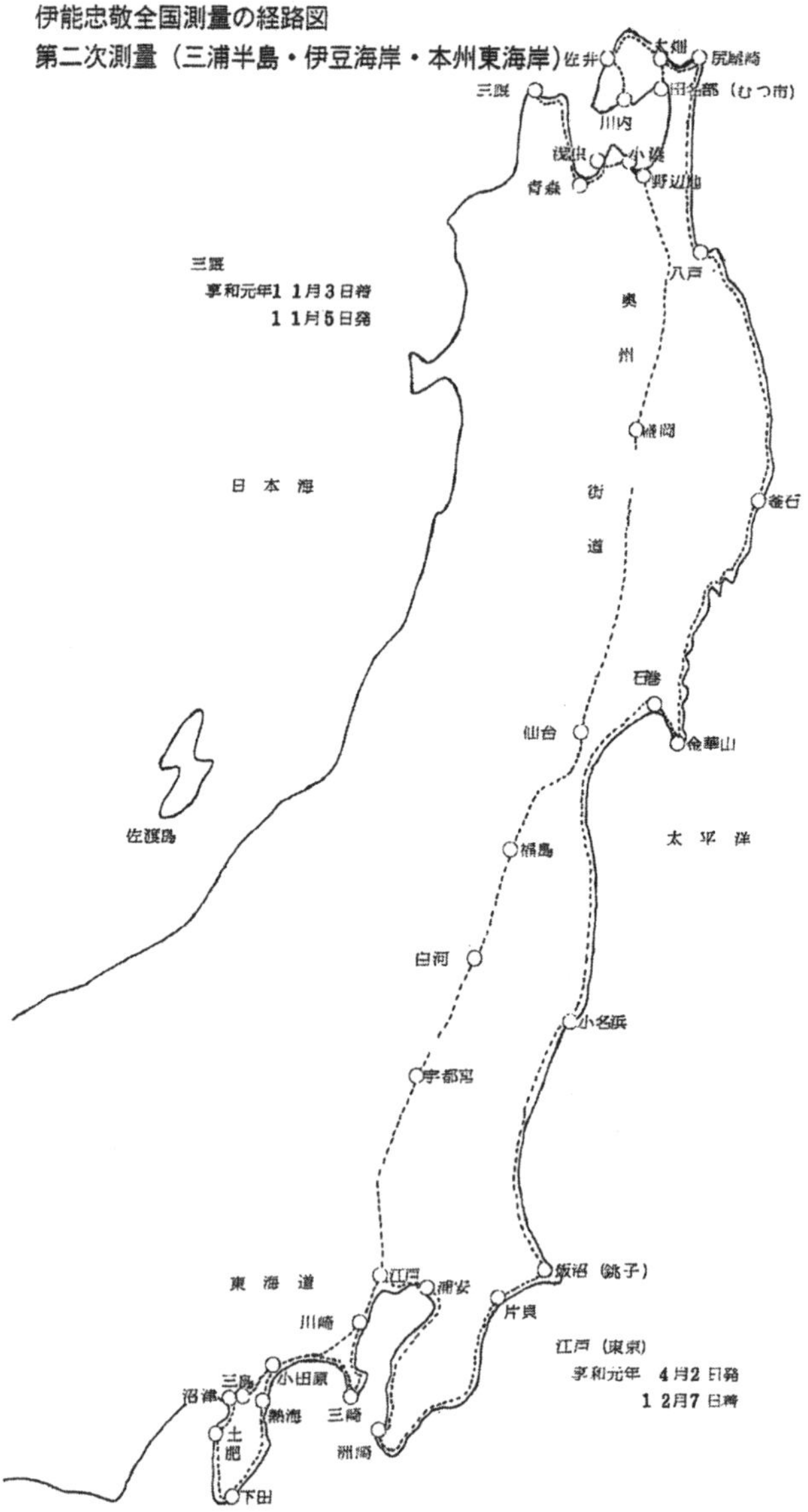

第二次測量経路図（『伊能忠敬測量日記 第一巻』）

話がそれますが、じつは、箱田良助という人物は、後年、榎本家へお婿さんに入るわけです。そして息子が生まれます。名前は榎本武揚といいます。有名な人ではないですか。明治維新で函館《はこだて》の五稜郭《ごりょうかく》に立てこもって官軍に抵抗した人です。のちにロシア公使になりました。こんな人も若い頃には忠敬にしたがって日本全国の測量をしたわけです。

③かかった日数は何日か

第二次測量の時の出発は享和《きょうわ》元年（一八〇一）四月二日、帰ったのは同年十二月七日で測量日数二百四十二日とされています（千葉県史料近世編『伊能忠敬測量日記一』）。

④コースは？

先ほどの別図を見てみましょう。江戸を出発して三浦《みうら》半島と伊豆《いず》半島をぐるりと測量していったん江戸へ戻りました。すぐに再出発です。

これからはもう一つの別図『千葉県管内実測図』（明治十六年1：72,000）というのを参照します。

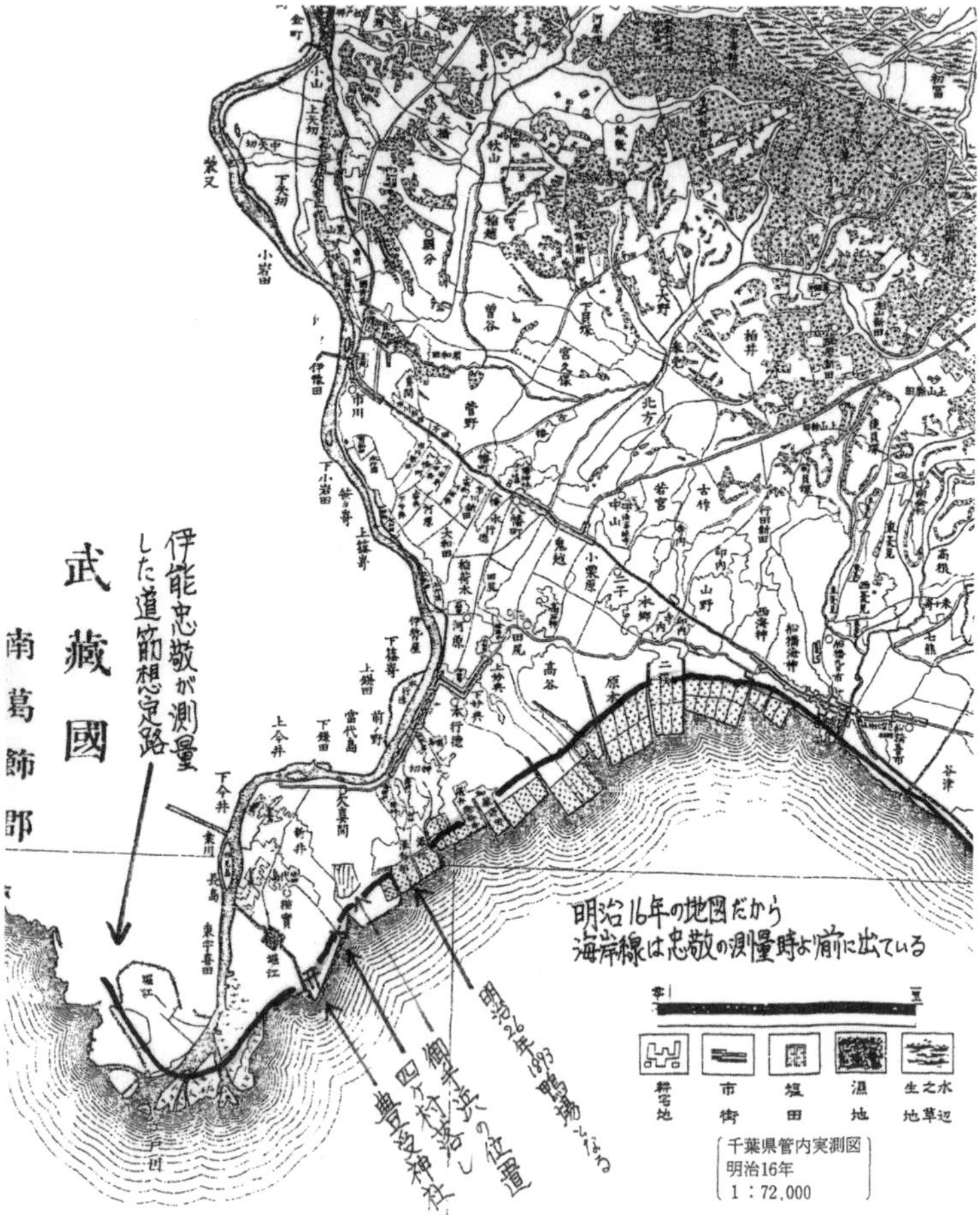
武藏國
南葛飾郡
伊能忠敬が測量した道筋想定路
明治16年の地図だから
海岸線は忠敬の測量時より前に出ている
明治26年1893鴨場となる
御手浜の位置
四ケ村落し
豊受神社
耕宅地
市街
塩田
沮地
水辺之草生地
千葉県管内実測図
明治16年
1：72,000

この図に私の責任で黒い太い実線を引いておきました。このラインがおおよその測量ラインです。海岸線を歩いています。私が書き入れた「御手浜《おてはま》の位置」とあるのは現在の市川市南行徳《みなみぎょうとく》一丁目と二丁目地域のことです。この地図は明治の初期の海岸線ですから忠敬が来た時代の海岸線はこの地図の海岸線よりはもっと奥にあったのです。忠敬が来た頃のおおよその海岸線は現在の新浜通《にいはまどお》りのラインと考えて結構だと思います。

また、別図の第二次測量の経路図に戻りましょう。江戸を再出発した忠敬一行は浦安《うらやす》～洲崎《すさき》～片貝《かたがい》と太平洋側の海岸線を歩いて青森まで行き引き返しました。帰りは第一次測量で歩いた道を下っています。これは第一次測量の部分を二度目の測量をして精度を上げるためです。

なお、経路図で浦安と表記された部分がありますが、江戸時代もそうですが明治の中期になるまで「浦安」という行政区域はなかったわけで、私としてはこの部分の表記は歴史的にも行徳とするのがよろしいのではないかと思っています。皆さんのご意見はどうでしょうか。この図面を作成した現代の著者にとって浦安の方が馴染みがある地名だったのでしょう。

⑤第一次～第十次測量まで測量の旅

約四万キロとされています。忠敬の歩幅であれば五千七百万歩ほどでしょうか。市川市の名誉市民である井上ひさしという方が『四千万歩の男』という本を書いています。私も参考にさせていただきました。

2　測量した行徳塩浜の村々とは？

それではこれからの時間は忠敬はどのようにして行徳塩浜を歩いたのか具体的に見てみましょう。

別図の『江戸近郊図』（弘化《こうか》元年〈一八四四〉版）を開いてくださいね。

そこに深川村《ふかがわむら》を見つけてください。次に小名木村《おなぎむら》です。深川は出発地で、先ず初日に小名木村まで測量済みでした。

二日目になりました。中川番所《なかがわばんしょ》を捜します。御番処《おばんしょ》というのがそれですよ。享和《きょうわ》元年（一八〇一）六月十九日午前七時半頃出立《しゅったつ》、中川番所の前から小名木川村名主の手配した船で対岸の小松川《こまつがわ》新田《しんでん》（図では小松川）に渡りました。番所の前から船を出すなんて堂々としたものですよね。さすがに幕府に許された「御用　測量方」の幟旗《のぼりばた》（右）の威力は凄いと思います。

「御用　測量方」の幟旗（千葉県香取市　伊能忠敬記念館所蔵）

村々を列挙しますが（　）の数字は家数です。地図を見ながら村の位置を確かめてくださいね。小松川新田《こまつがわしんでん》（23）、二ノ江新田《にのえしんでん》、下今井新田《しもいまいしんでん》、桑川新田《くわがわしんでん》、入会新田字小島《いりあいしんでんあざこじま》、西浮田村《にしうきたむら》（112）、東浮田村《ひがしうきたむら》（212）、堀江村《ほりえむら》（263）、猫実村《ねこざねむら》（227）、当代島村《とうだいじまむら》（40）、新井《あらい》村《むら》（73）、欠真間村《かけままむら》（180）、湊新田《みなとしんでん》（57～58）、湊村《みなとむら》（102）、押切村《おしきりむら》（76）。以上で日暮《ひぐれ》になってしまってこの日の測量は終了でした。なお、該当の村名は見つけやすいように私が黒線で囲っておきました。

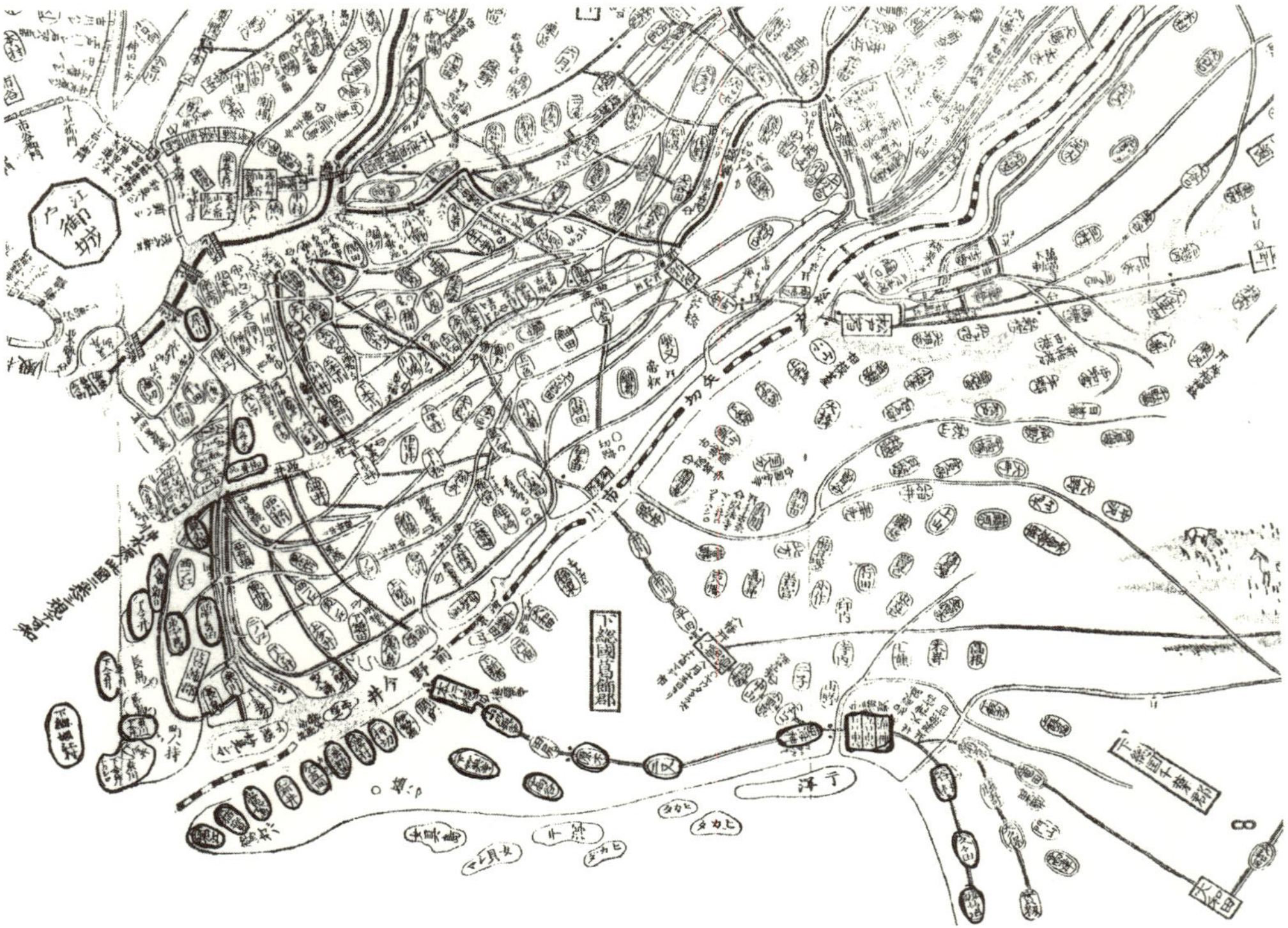

『行徳レポート　その１』（『江戸近郊図』〈弘化元年版〉）

堀江村以降の行徳塩浜の村名は江戸川沿いにありますが、測量は海岸沿いに実施したわけです。鷺打《さぎうち》バ《場》とか塩ハマ《浜》とかの文字が書かれている一帯です。現在の江戸川区側の村名を見ますと、やはり、海岸沿いに歩いたことがわかります。

3　本行徳村の名主加藤惣右衛門の世話になる

六月十九日、つまり、二日目の測量は、じつは船橋《ふなばし》までの予定でした。これは先触《さきぶ》れとか泊触《とまりぶ》れというものが前もって出されています。ですから、長持《ながもち》などに入れた荷物は一《いっ》切合切《さいがっさい》別便で小名木村名主の手配で船橋へ送られているわけです。

ところが予定通りに行きませんでした。江戸から行徳までは三里（約一二キロ）と忠敬は書いています。中川を船で渡った先の小松川新田から日が暮れてしまった押切村までの道路は悪路でした。道路とは名ばかりで、普段はあまり人の往来が少ない道で、街道などではなくて海岸沿いの道なき道とでも言いましょうか、ともかく、大変だったようです。

海岸は泥深く、芦野原《あしのはら》、竹藪覆《たけやぶおお》いかぶさり、甚《はなは》だ難儀《なんぎ》いたし、測量も尺取《はかど》らず、方位も密ならず、という有り様だと嘆いて書いています（千葉県史料近世編『伊能忠敬測量日記一』）。

そのため『江戸近郊図』で確認していただきたいのですが「押切」というところで日が暮れてしまったわけです。江戸時代の六月十九日は現代の七月二十日過ぎの頃ですが、この季節は日が暮れるのが遅いでしょう。測量ができないほどに薄暗くなったのですから午後七時前だったのでしょう。ということはこの日は十一時間近くも悪路で難儀しながらの測量だったはずです。

忠敬一行六名は押切の海岸線からとりあえず内陸の本行徳へ向かいました。加藤惣右《かとうそう》衛門《えもん》は本行徳村《ほんぎょうとくむら》の惣名主《そうなぬし》と書かれています。そこへ転がり込むわけです。いきなりです。名主宅ではびっくりしたと思います。というのは行徳泊まりとはなっていなかったからです。

忠敬一行は着替えもなく、着のみ着のまま、泥だらけでした。惣右衛門は風呂を提供したでしょうし着替えもさせたでしょう。食事の世話もしたでしょう。幕府御用の測量方ですから丁重にもてなしたと思います。

4　伊能忠敬と名主の鈴木清兵衛はどこで接触したのか

『江戸近郊図』の当代島の次が新井です。この新井村の名主が鈴木清兵衛といいました。清兵衛は行徳金堤という俳号を持ち小林一茶と交友がありました。この人が測量の際に当代島村と新井村の村境《むらざかい》の確認のために立ち会っていたと思います。これは立ち会っていたという文書が残っていませんので私の推測だとご承知おき願います。これですがこれは確かなことだろうと思うのです。

当代島と新井の名主の立会いのもとで測量をしたのでしょう。そこには伊能忠敬がいます。この人はもと佐原の名主職にいた人です。しかももと民間人です。清兵衛とどのような会話があったのでしょうか、とても興味のある場面です。泥まみれの測量隊の人たちを清兵衛はどのようにねぎらったのでしょうか。

なお、当代島の農地（昔の塩田）は現在は北栄《きたざかえ》と地名が変っています。旧市街地部分は当代島のままです。

5　行徳金堤は葛飾北斎に挿絵を注文していた

行徳金堤は『勝鹿図志手《かつしかずしで》くりふね』という本を文化《ぶんか》十年（一八一三）に出版しました。上巻は葛飾《かつしか》の名所旧跡といわれなどの紹介記事です。下巻は句集です。小林一茶などの著名人の句が載っています。行徳俳人の句もあります。

金堤はこの本の挿絵《さしえ》を葛飾北斎に依頼して描いてもらっています。どれほどのお金がかかったのか全くわかりません。「玉藻刈水汲て継母に仕ふ《たまもかりみずくみてけいぼにつかふ》」（手古奈《てこな》の図）というものです。それから谷文晁《たにぶんちょう》という画家にも頼んでいて、汐垂れ松《しおたれまつ》と上空に舞う三羽の鶴の絵を描いてもらいました（『「勝鹿図志手くりふね」の世界』に収録）。谷文晁も

行徳金堤『勝鹿図志手くりふね』の葛飾北斎画「玉藻刈水汲て継母に仕ふ」

有名な人でしょう。

葛飾北斎は十一代将軍徳川家斉公《いえなりこう》の鷹狩《たかがり》の際に浅草の伝法院《でんぼういん》というお寺に召出《めしだ》され、将軍の面前で絵を描きました。谷文晁が同席していました。北斎は常日頃から北斎の母の祖父が、赤穂浪士《あこうろうし》の討ち入りの時に吉良方《きらがた》の護衛役で討死した小林平八郎だと公言していたのですが（『葛飾北斎伝』）、このことは将軍の耳に届いていたのでしょうか。

6　伊能忠敬の四人目の妻は葛飾北斎の娘だという説がある

伊能忠敬も徳川将軍に召出されて旗本に取り立てられました。そのきっかけは日本全国を測量して仕上げた地図でした。これを将軍に見てもらいました。江戸城の大広間に大きく広げて見せたわけです。将軍はとても気に入りました。その直後に旗本に取り立てられました。

昔の地図はいわゆる「絵図《えず》」です。地図に彩色《さいしき》が施されています。忠敬の地図に色を塗ったのは忠敬の妻の「えい」だというのです。この「えい」という女性は葛飾北斎の娘の「阿栄」（おえい、おエイ）だという説があるのです（『忠敬と伊能図』）。

忠敬には四人の妻がありました。二人は正妻で二人は内縁です。北斎の娘が忠敬の内縁の妻だったというのは確証がある説ではありませんが、ロマンあふれる仮説ではありませんか。

付け加えておきますと、行徳金堤と関わりがあった葛飾北斎、谷文晁、伊能忠敬らはいずれもが将軍徳川家斉公に召出された有名人だったということです。

7　葛飾北斎と曲亭馬琴は仕事仲間で旧知の仲

話がそれますが、曲亭馬琴《きょくていばきん》という人は『南総里見八犬伝《なんそうさとみはっけんでん》』で行徳を有名にした人ですが、この人は葛飾北斎とは仕事仲間でした。挿絵をたくさん描いてもらっています。

馬琴は八犬伝を構想した時、本行徳の信楽《しがらき》という宿屋に逗留《とうりゅう》しています（『葛飾風土史　川と村と人』）。これは文化十年のことです。奇しくも金堤が手くりふねを刊行した年ではないですか。八犬伝の初輯《しょしゅう》は文化十一年に出版されました。

8　伊能忠敬は加藤惣右衛門宅を出て検見川まで測量していった

伊能忠敬は六月二十日朝六時、世話になった本行徳村名主惣右衛門宅を出立、午後五時半頃に検見川《けみがわ》着。行徳から船橋まで二里《り》、船橋から馬加《まくわり》まで二里、馬加から検見川まで十八丁《ちょう》（約二キロ）と日記にありますので合計約一八キロ（十九日は一二キロ）を測量しました。

もちろん海岸線を歩いたということで泥道で大変だったでしょうが、別図では検見川までは載っていません。一日の道程としては相当な強行軍だったと思います。

参考として二十日に測量した村々を示しておきます。（　）内の数字は家数です。
儀兵衛新田《ぎへえしんでん》（1）、加藤新田《かとうしんでん》（1）、本行徳村（360）、下妙典村《しもみょうでんむら》（89）、上《かみ》妙典村（76）、高谷村《こうやむら》（85）、原木村《ばらきむら》（54）、二俣村《ふたまたむら》（32）、西海神村《にしかいじんむら》（91）、舟橋海神村《ふなばしかいじんむら》、舟橋九日市《ふなばしここのかいち》入会合せ《いりあいあわせ》（650）、舟橋五日市《ふなばしいつかいち》（380余）、これより千葉郡谷津村《ちばぐんやつむら》（108）、久久田村《くくたむら》（185）、鷺沼村《さぎぬまむら》（170）、馬加《まくわり》（350）、検見川宿《けみがわしゅく》（350）。

なお、押切村の次に伊勢宿村と関ヶ島村が地図に載っていますが、測量はされていません。それはその二つの村はこの時代は塩焼をしていなくて海岸線に塩浜を所持していなかったからです。

9　風のように来て風のように去って行った

測量のスピードはとても速いものでした。忠敬は記録を付けていました。夜になると昼間の測量データを整理して記録しました。実務というものはそのようなものでしょう。一つひとつ手順を踏んで片付けていく、そのような作業だったでしょう。

金堤との接触も短時間だったことでしょう。挨拶をし立ち話をし確認をする、それだけのことだったかも知れませんし、行徳塩浜の近況を話題にしたのかも知れません。ついこ四～五年前に完成したばかりの御手浜のことを話したかも知れません。十年前に大津波があったからです。忠敬は日記の中でこの時の津波の被害について原木村のことでそれを書いていています。

何事も風のように来て風のように去っていく、これが世の常のことなのでしょう。その積み重ねが人生を彩《いろど》るのです。行徳金堤の名主として何の変哲もない実務の日々、その中に伊能忠敬、葛飾北斎、谷文晁、曲亭馬琴らとの直接間接の関わりがあり、金堤の人生に異彩を放っていると思えるのは贔屓目《ひいきめ》のことばかりではないと思うのです。

10　伊能忠敬のプロフィール

江戸後期の地理学者・測量家。通称勘解由《かげゆ》。上総《かずさ》出身。下総《しもうさ》佐倉の伊能家の養子。高橋至時（よしとき）に西洋天文学を学び、幕府に出願して蝦夷《えぞ》（北海道）をはじめ、全国を測量し、わが国最初の実測地図「大日本沿海輿地全図」を作製、「輿地実測録」とともに献上。一七四五〜一八一八（『広辞苑』第四版）。

なお、佐原にある伊能忠敬記念館所蔵の「伊能忠敬関係資料」二千三百四十五点は平成二十二年（二〇一〇）六月二十九日に国宝に指定された。

参考文献

『伊能忠敬測量日記 第一巻』
『忠敬と伊能図』
『千葉県史料』近世編『伊能忠敬測量日記一』
『葛飾北斎伝』
『四千万歩の男』
『「勝鹿図志手くりふね」の世界』
『葛飾風土史 川と村と人』

災害について　――大正六年の大津波

――市川市立《いちかわしりつ》幸《さいわい》小学校四年生総合学習《しょうがっこうよねんせいそうごうがくしゅう》

行徳《ぎょうとく》の人《ひと》にとって「砂《すな》」はとても大切《たいせつ》な物《もの》

みなさん、こんにちは!!

幸《さいわい》小学校《しょうがっこう》の校歌《こうか》を読《よ》みました。すると「銀《ぎん》の砂《すな》」という歌詞《かし》がありました。みんなで校歌《こうか》を歌《うた》ってくれませんか。(全員《ぜんいん》で校歌《こうか》の合唱《がっしょう》)

行徳《ぎょうとく》の人《ひと》にとって「砂《すな》」というものは、とても大切《たいせつ》な物《もの》でした。

みなさんも知《し》っているように、幸《さいわい》小学校《しょうがっこう》がある地域《ちいき》は今《いま》から八十九年前《ねんまえ》までは「加《か》藤新田《とうしんでん》」という塩田《えんでん》でしたね。

塩田《えんでん》というのは「塩《しお》」をとるための場所《ばしょ》ですね。お米《こめ》をとるための場所《ばしょ》は水田《すいでん》と言《い》いますよね。

塩《しお》をとるには必《かなら》ず「砂《すな》」が必要《ひつよう》でした。砂《すな》がなければ塩《しお》を作《つく》ることができませんでした。

みなさんは「毛細管現象《もうさいかんげんしょう》」というお勉強《べんきょう》はしましたか？

砂粒《すなつぶ》の間《あいだ》を海《うみ》の水《みず》が伝《つた》わって表面《ひょうめん》まで出《で》てきて、太陽《たいよう》の光《ひかり》に照《て》らされて水分《すいぶん》だけが蒸発《じょうはつ》して、砂《すな》の表面《ひょうめん》に塩《しお》の結晶《けっしょう》だけが残《のこ》ります。キラキラと輝《かがや》いてきれいですよ。塩《しお》の結晶《けっしょう》が砂《すな》の表面《ひょうめん》に着《つ》くと砂粒《すなつぶ》はゴワゴワのかたい塊《かたまり》になります。

昔《むかし》の人《ひと》たちは、そのゴワゴワの砂《すな》の塊《かたまり》を集《あつ》めて笊《ざる》の中《なか》に入《い》れて、海水《かいすい》を上《うえ》から注《そそ》いだのです。すると、とってもしょっぱい塩辛《しおから》い水《みず》がとれました。そのとてもしょっぱい水《みず》をみなさんのお家《うち》にあるようなお風呂《ふろ》のもっともっと大《おお》きな入《い》れ物《もの》に入《い》れて、グツグツと煮《に》たのです。そうすると水分《すいぶん》が蒸発《じょうはつ》して塩《しお》だけが残《のこ》りました。このような作業《さぎょう》のことを「塩焼《しおやき》」というのです。

堤防《ていぼう》を作《つく》って塩田《えんでん》を守《まも》った

今《いま》、日本《にほん》のあちこちで台風《たいふう》が来《き》たりして大雨《おおあめ》が降《ふ》って災害《さいがい》が起《お》きているのを知《し》っていますね。

塩田《えんでん》というのは海《うみ》のすぐそばにありました。台風《たいふう》が来《く》るとどうなるとみなさんは思《おも》いますか。想像《そうぞう》してみてください。（意見《いけん》が出《で》る）そうですね、波《なみ》がドボーンドボーンと打《う》ちつけますよね、風《かぜ》がピューピューと吹《ふ》いて、雨《あめ》がザーザーとたくさん降《ふ》るのです。

ですから、昔《むかし》の農民《のうみん》は塩田《えんでん》が被害《ひがい》を受《う》けないように堤防《ていぼう》を作《つく》って守《まも》ったのです。押《お》し寄《よ》せる波《なみ》から堤防《ていぼう》が塩田《えんでん》を守《まも》ってくれたのです。じつは、その堤防《ていぼう》そのものは東京湾《とうきょうわん》の砂《すな》と土《つち》の混《ま》ざったもので作《つく》られていました。それを粘土《ねんど》と言《い》います。みなさんは、粘土《ねんど》というものを知《し》っていますね。工作《こうさく》などで使《つか》ったあの粘土《ねんど》です。

東京湾《とうきょうわん》の海底《かいてい》には砂《すな》が混《ま》じった粘土《ねんど》というものがたくさんありましたので、それを使《つか》って堤防《ていぼう》を作《つく》りました。行徳《ぎょうとく》という土地《とち》はずっと昔《むかし》から石《いし》がとれない土地《とち》でした。だから粘土《ねんど》を使《つか》ったのです。粘土《ねんど》というのは乾燥《かんそう》するとコチコチに固《かた》くなりますが、水《みず》がかかると柔《やわ》らかくなるでしょう。だから台風《たいふう》などで大《おお》きな高《たか》い波《なみ》が来《く》ると壊《こわ》れてしまうのです。

堤防《ていぼう》の高《たか》さを測《はか》って想像《そうぞう》してみよう

塩田《えんでん》を守《まも》るための堤防《ていぼう》はどのくらいの大《おお》きさがあったのでしょうか。先生《せんせい》がスケールを用意《ようい》されましたのでそれを使《つか》って測《はか》ってみましょう。（先生《せんせい》がスケールを天井《てんじょう》まで伸《の》ばして下《くだ》さる）

みなさんの手元《てもと》に堤防《ていぼう》の図《ず》を作《つく》って渡《わた》しましたよ。それを見《み》ながら勉強《べんきょう》しましょう。

（みんな図《ず》を見《み》ている）

堤防《ていぼう》の高《たか》さは三・六メートルが標準《ひょうじゅん》でした。みなさんの身長《しんちょう》は何《なん》センチですか？（たくさんの声《こえ》と手《て》が挙《あ》がる）ということは肩車《かたぐるま》をして三人分《にんぶん》ですか？　堤防《ていぼう》ってずいぶんと高《たか》くて大《おお》きいものなのですね。この教室《きょうしつ》の天井《てんじょう》よりもずっと高《たか》いですね。上《うえ》の階《かい》の廊《ろう》下《か》くらいまでありますよ。

じつは今《いま》から百年前《ねんまえ》のこと、大正《たいしょう》六年《ねん》（一九一七）という年《とし》にとても大《おお》きな猛烈《もうれつ》な台《たい》風《ふう》が行徳《ぎょうとく》を襲《おそ》いました。これを本日《ほんじつ》の授業《じゅぎょう》のテーマ「大正《たいしょう》六年《ねん》の大津波《おおつなみ》」と行徳《ぎょうとく》の人《ひと》

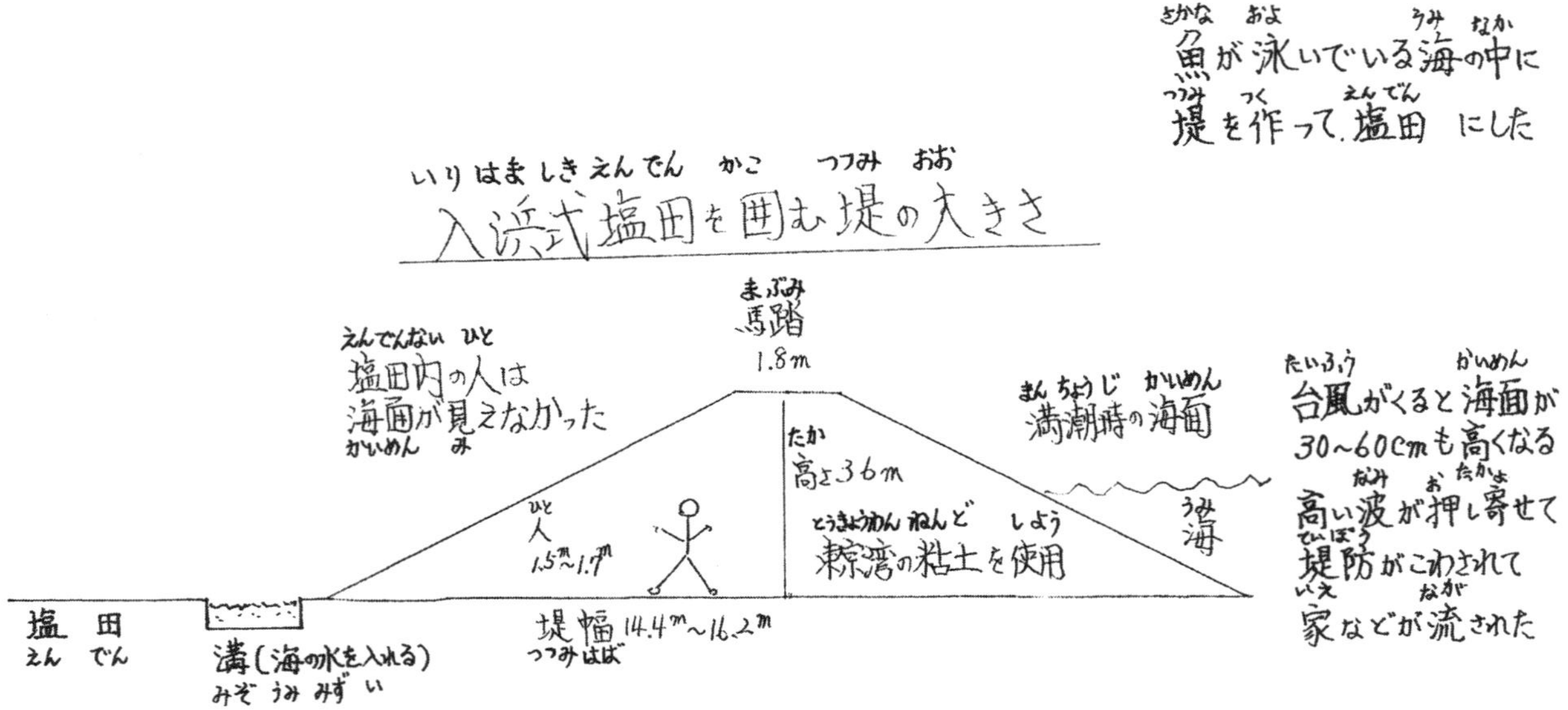

魚《さかな》が泳《およ》いでいる海《うみ》の中《なか》に
堤《つつみ》を作《つく》って、塩田《えんでん》にした
入浜式塩田《いりはましきえんでん》を囲《かこ》む堤《つつみ》の大《おお》きさ
馬踏《まぶみ》
1.8m
塩田内《えんでんない》の人《ひと》は
海面《かいめん》が見《み》えなかった
満潮時《まんちょうじ》の海面《かいめん》
台風《たいふう》がくると海面《かいめん》が
30~60cmも高くなる
高《たか》い波《なみ》が押《お》し寄《よ》せて
堤防《ていぼう》がこわされて
家《いえ》などが流《なが》された
高《たか》さ3.6m
人《ひと》
1.5m~1.7m
東京湾《とうきょうわん》の粘土《ねんど》を使用《しよう》
海《うみ》
塩田《えんでん》
溝《みぞ》(海《うみ》の水《みず》を入《い》れる)
堤幅《つつみはば》14.4m~16.2m

堤防の図（作図 鈴木和明）

たちは呼《よ》んでいます。

この時《とき》、高《たか》さが三・六メートルもあった塩田《えんでん》を守《まも》っていた堤防《ていぼう》を乗《の》り越《こ》えて東京湾《とうきょうわん》の波《なみ》が押《お》し寄《よ》せました。この教室《きょうしつ》の天井《てんじょう》よりも高《たか》い堤防《ていぼう》を乗《の》り越えてきたのですよ。それはそれはとっても恐《おそ》ろしい出来事《できごと》でした。みなさんの足《あし》がつかないではありませんか。（うんうんと頷《うなず》いている）溺《おぼ》れてしまいます。（「死《し》んじゃう」の声《こえ》）

津波《つなみ》の時《とき》は高《たか》い場所《ばしょ》へ逃《に》げる

みなさんはこの前《まえ》、避難訓練《ひなんくんれん》をしたと聞《き》きました。津波《つなみ》が来《き》た時《とき》に備《そな》えた訓練《くんれん》ですよね。みなさんはどこへ逃《に》げたのですか。（「上《うえ》に逃《に》げた」の声《こえ》）そうですか、四階《かい》まで逃《に》げる訓《くん》練《れん》をしたのですね。津波《つなみ》が来《き》た時《とき》は、ともかく少《すこ》しでも高《たか》い場所《ばしょ》へ逃《に》げることが大切《たいせつ》ですね。

ところが大正《たいしょう》六年《ねん》の大津波《おおつなみ》の時《とき》は、今《いま》から百年前《ねんまえ》ですが、この時代《じだい》には行徳《ぎょうとく》には今《いま》のような幸小学校《さいわいしょうがっこう》のような頑丈《がんじょう》な学校《がっこう》とかマンションとかはありませんでした。木造《もくぞう》の平屋《ひらや》の家《いえ》がほとんどでした。

みなさんに渡《わた》したもう一枚《まい》の絵《え》を見《み》ましょう。堤防《ていぼう》の高《たか》さと家《いえ》の高《たか》さを比《くら》べてみてください。道路《どうろ》として使《つか》われている堤防《ていぼう》の方《ほう》が高《たか》いくらいでしょう？　それは二百年《ねん》ほど前《まえ》の江戸時代《えどじだい》の絵《え》ですが、大正時代《たいしょうじだい》も大体同《だいたいおな》じようなものでした。

そんな時《とき》に堤防《ていぼう》をはるかに乗《の》り越《こ》えて大津波《おおつなみ》が襲《おそ》いました。農民《のうみん》が住《す》んでいた家《いえ》は津波《つなみ》によって流《なが》されてしまいました。プカプカと海水《かいすい》の上《うえ》に浮《う》いて本八幡《もとやわた》の方《ほう》へ流《なが》れて行《い》きました。屋根《やね》の上《うえ》に逃《に》げた人《ひと》たちが「助《たす》けてくれーっ」と叫《さけ》んでいたそうです。

また、夜暗《よるくら》い時《とき》に玄関《げんかん》の戸《と》がピシャッと持《も》ち上《あ》がったのでお父《とう》さんとお母《かあ》さんが手《て》で押《お》さえましたが、波《なみ》の力《ちから》が強《つよ》くて家《いえ》の中《なか》に水《みず》がドーッと入《はい》りました。子《こ》どもたちを神棚《かみだな》の上《うえ》に上《あ》げて、自分《じぶん》たちは天井《てんじょう》に張《は》ってあった電線《でんせん》につかまって天井裏《てんじょううら》に逃《に》げて子《こ》どもたちを上《うえ》に逃《に》がしました。

また、津波《つなみ》は海《うみ》からだけではなくて江戸川《えどがわ》からも襲《おそ》いました。行徳《ぎょうとく》の人《ひと》たちは海《うみ》と川《かわ》と両方《りょうほう》から挟《はさ》み撃《う》ちにされました。江戸川《えどがわ》の堤防《ていぼう》も全部《ぜんぶ》が壊《こわ》されてしまいました。川《かわ》の上流《じょうりゅう》で降《ふ》った雨《あめ》のために江戸川《えどがわ》が洪水《こうずい》になっていて、茶色《ちゃいろ》のドロドロの川《かわ》の水《みず》が堤防《ていぼう》を乗《の》り越《こ》えてきたのでした。

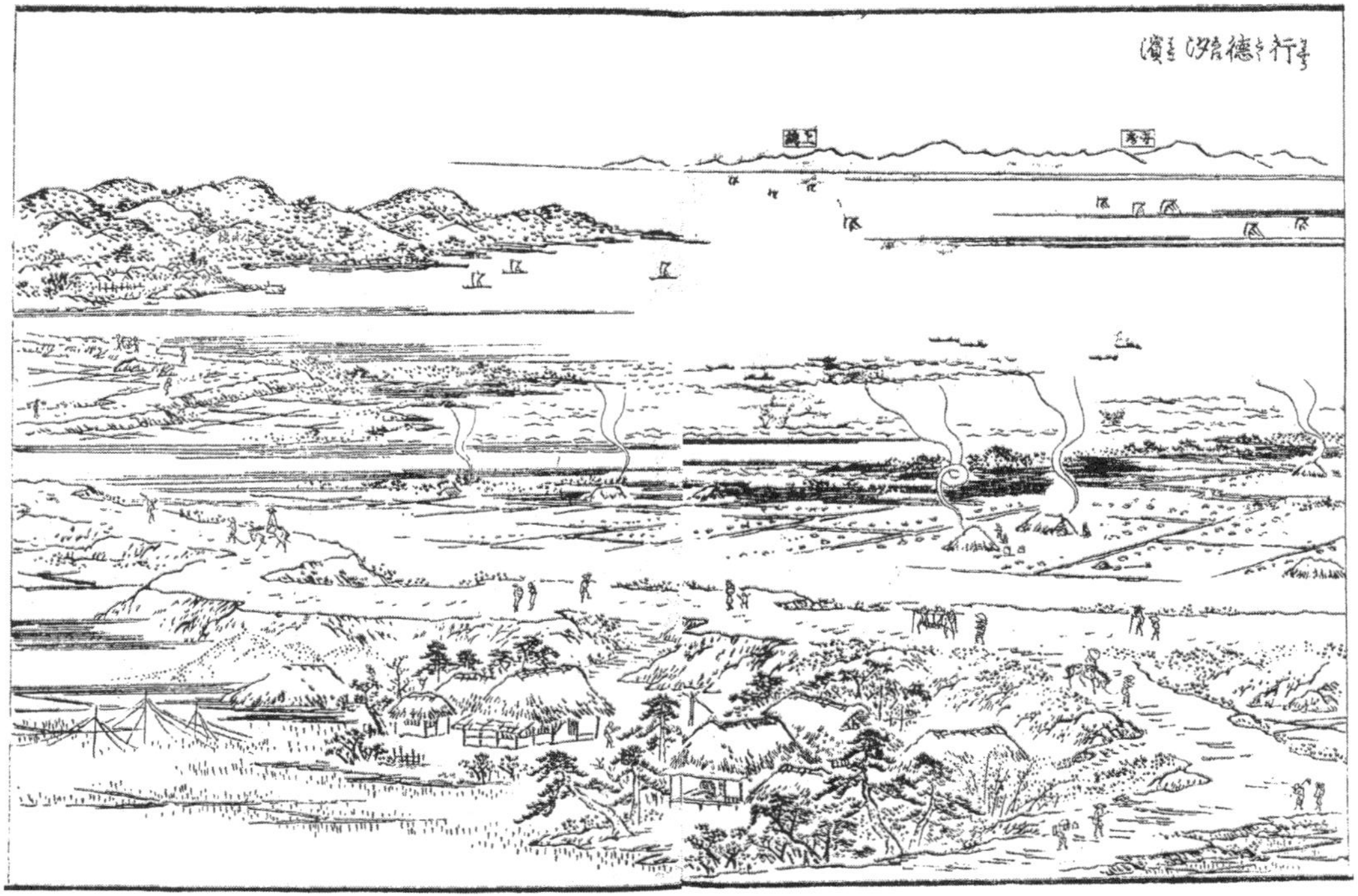

家の高さと元の堤防の高さを比べてみよう。今から100年ほど昔、大正６年の大津波があった頃も似た風景（行徳汐濱『江戸名所図会』国立国会図書館デジタルコレクション）

生《う》まれた子《こ》どもに「つな」と名付《なづ》ける

このような恐《おそ》ろしい出来事《できごと》が百年《ねん》ほど前《まえ》に起《お》こったのです。昔《むかし》の人《ひと》たちはその出来事《できごと》を後世《こうせい》に伝《つた》えるために、そして、そのことを決《けっ》して忘《わす》れてはいけないと思《おも》い、大津波《おおつなみ》のすぐ後《あと》に生《うま》れた女《おんな》の子《こ》に「つな」という名前《なまえ》をつけました。つなみのつなですよね。

みなさんも一人一人《ひとりひとり》違《ちが》った名前《なまえ》を持《も》っていますよね。名前《なまえ》というものはこのように深《ふか》いわけがあってつけられるものなのですよ。みなさんもお家《うち》に帰《かえ》ったらお父《とう》さんやお母《かあ》さんに訊《き》いてみたらどうでしょうか。

さて、みなさんが生《い》きている平成《へいせい》という時代《じだい》は、この行徳《ぎょうとく》にとって百年以上《ねんいじょう》も大《おお》きな災害《さいがい》がなく、平和《へいわ》に暮《く》らせる時間《じかん》が流《なが》れてきました。だけど、これからはそのようなことが永遠《えいえん》に続《つづ》くとは思《おも》えないのです。同《おな》じことがずっとずっと続《つづ》くということの方《ほう》が不思議《ふしぎ》なのですね。

ですから避難訓練《ひなんくんれん》ということで災害《さいがい》に備《そな》えているのです。午後《ごご》の授業《じゅぎょう》で妙好寺《みょうこうじ》さんの「妙典地蔵尊《みょうでんじぞうそん》」の見学《けんがく》に行《い》くそうですね。大正《たいしょう》六年《ねん》の大津波《おおつなみ》で亡《な》くなった人《ひと》と、この前《まえ》の東日本大震災《ひがしにほんだいしんさい》の津波《つなみ》で亡《な》くなった人《ひと》たちを悼《いた》んでお祀《まつ》りしているものです。

これから先《さき》、このような悲劇《ひげき》がないように祈《いの》りたいと思《おも》います。
本日《ほんじつ》の授業《じゅぎょう》はこれで終《お》わりに致《いた》します。

担当の先生との打合せ時の提案事項

1　学習補助資料を用意しました

①著者による作図「入浜式《いりはましき》塩田を囲む堤の大きさ」
実際の測量器具を使って教室内で実測して村人が築いた潮除堤《しおよけつつみ》の大きさを知る。
塩田作業の一部を勉強する。
台風の力の大きさ、自然の脅威ということを知る。自然と共存する人間の生き方。
堤防の修理はどのようにしたのかを知る。

②『江戸名所図会』所収「行徳汐濱」の図
堤防跡地を行徳と船橋の間を旅人が行き来している。今回注目するのは堤防の高さと人家の高さ。
この図は一八三六年刊行の『江戸名所図会』に収録されたもので、今から百八十二年前の風景。

今から百一年前の大正六年の大津波当時の行徳塩浜の風景も似たものと考えられる。当時の家は瓦葺はとても少なくて、藁葺、トタン葺、板葺きなどだった。また、二階建てなども少なくて、ほとんどが平屋建てだった。家の土台は掘立式《ほったてしき》あるいは玉石の上に柱を立てただけの建築だったから洪水や津波で浮いてしまい簡単に流されてしまった。

2　学習を通して伝えたいこと

百年に一度とか五百年に一度という大災害にもしかしたら自分たちが巻き込まれるかもしれないということ、その時に備えてどのような準備をしておいたらいいのか、ということを考える。

過去の災害はどのような規模で、いつ起きたのかを知る。

大正六年の大津波は海からだけでなく、江戸川が洪水になって、海と川の両方から挟み撃ちにあったことを知る。大地震の場合との違いを知る。

防災訓練の時に、なぜ、校舎の四階まで逃げたのかを再認識する。理由を知る。

昔の人は台風が来ることを知ると「ご飯を炊いておにぎりを作る準備」をしていたことを知る。それは災害を経験した人たちが、災害後のことを考えた正しい対処の一つである。自分たちは今どのような備えをしているのだろうか。

昔の人が災害を忘れないために、生まれたばかりの子どもに「つな」という名前を付けた意味を知る。家族の絆、家族の思いに心が向くようにする。大人たちはどのような思いをこめて子どもたちに名を付けるのだろうか。

学習を通して家族はもちろん、世界中の災害で苦しむ人たちを思いやる気持ちを醸成する。

仲間と一致協力して災害を乗り越えていく気持ちを行動に移すことを学ぶ。自分はいま何ができるのかを考える。

以上

参考文献

『江戸名所図会』
『行徳郷土史事典』
『市川の伝承民話』
『郷土読本　行徳の歴史・文化の探訪1』

徳川家康と行徳塩浜

――行徳まちづくり協議会主催講座

本日は、浄土宗飯沢山浄閑寺《じょうかんじ》さんの客殿をお借りしての講演です。皆さんとご一緒にご本尊の方角に向かって合掌をしてから始めたいと思います。

本日の講演は、

①行徳の始まりと塩浜について

②本行徳地域のお寺さんの概略について

の二点です。

1　徳川家康の時代の塩焼はどのようにしていたのか

家康が行徳を天領にしたのは天正《てんしょう》十八年（一五九〇）八月一日のことでした。

その時、家康は四十九歳でした。家康は七十五歳で亡くなりますので、家康が行徳を支配していたのは二十六年間です。

初めは家康が直接行徳を見に来たわけではありませんので、実際は家康の参謀《さんぼう》たちが行徳を視察したわけです。

当時は技術的にも塩焼《しおやき》はどうしても揚《あ》げ浜法《はまほう》になっていました。江戸時代中期のような大量生産が可能となる入浜法《いりはまほう》はまだ登場していませんでした。

揚げ浜法とは、現代の海水浴場のような砂浜を想像するとよいでしょう。人々がパラソルを立て、敷物を敷いて寝転《ねころ》んでいるような砂浜を想像してください。そこが徳川家康の時代になった時の塩焼をする場所でした。

「塩浜」とは現代の工場地帯のような場所をいったのです。つまり塩の生産現場のことです。海水を運んで来て、砂浜に撒《ま》きます。柄杓《ひしゃく》を使ってなるべく霧のように散布するのですが、それを何度も繰り返します。

海水浴の時の砂浜は足の裏が焼けてしまうほど熱いでしょう？　水分が蒸発すると塩の結晶だけが砂粒に付いて砂がごわごわの塊《かたまり》になります。その砂を笊《ざる》に入れて上から海水を灌《そそ》ぎます。笊の下に置いた桶《おけ》の中に塩分が濃いとてもしょっぱい海水が取れます（笊取法《ざるとりほう》）。これを平《ひら》べったい風呂桶のような入れ物（釜《かま》）に入れてぐつぐつと煮詰めると塩が取れたのです。この煮詰める作業のことを塩焼と言いました。

2　徳川家康が来る前から塩田が開発されていた地域

初期の塩田は現在の本行徳《ほんぎょうとく》、下新宿《しもしんしゅく》、河原《かわら》、（大和田《おおわだ》）、稲荷木《とうかぎ》、田尻《たじり》、高谷《こうや》、妙典《みょうでん》に囲まれた地域でした。
※別図３「砂州、浜堤、自然堤防上に建立された寺」を参照します。

徳川家康の江戸入府（一五九〇年）よりも前のものに限る、番号は創建年の古い順に付けた（『郷土読本 行徳の歴史・文化の探訪1』）。

※別図1「行徳七浜」を参照します（『郷土読本 行徳の歴史・文化の探訪1』）。

別図3で①④⑦⑨⑩のお寺さんを探してください。

> それらのお寺さんに囲まれている地域が徳川家康が来る前の行徳地域の初期の塩田地帯です。

現在、地名では下新宿、河原、妙典と呼ばれている地域の一部分です。この地域に現在は浦安・行徳バイパスや内匠堀跡地の道路もあります。

別図1を見ます。行徳七浜《ぎょうとくななはま》と言って、小田原北条氏《おだわらほうじょうし》支配浜《しはいはま》で、戦国時代には北条氏に塩年貢を船で納めていました（『塩浜由来書』）。この七浜に囲まれた地域が初期の塩田地帯です。国府台《こうのだい》合戦ということをご存じの方もおられると思いますが、その時代のことです。

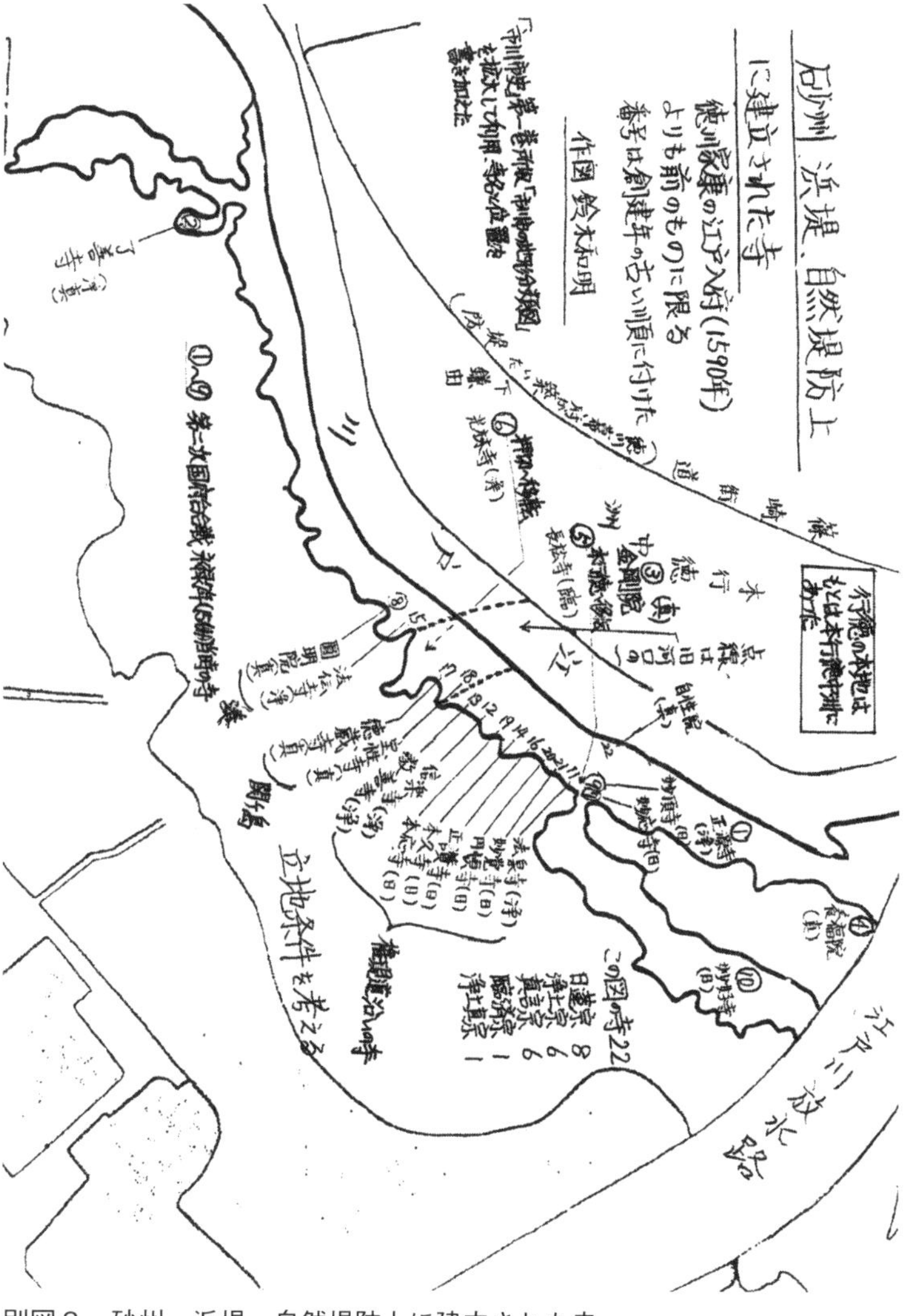

別図３　砂州、浜堤、自然堤防上に建立された寺

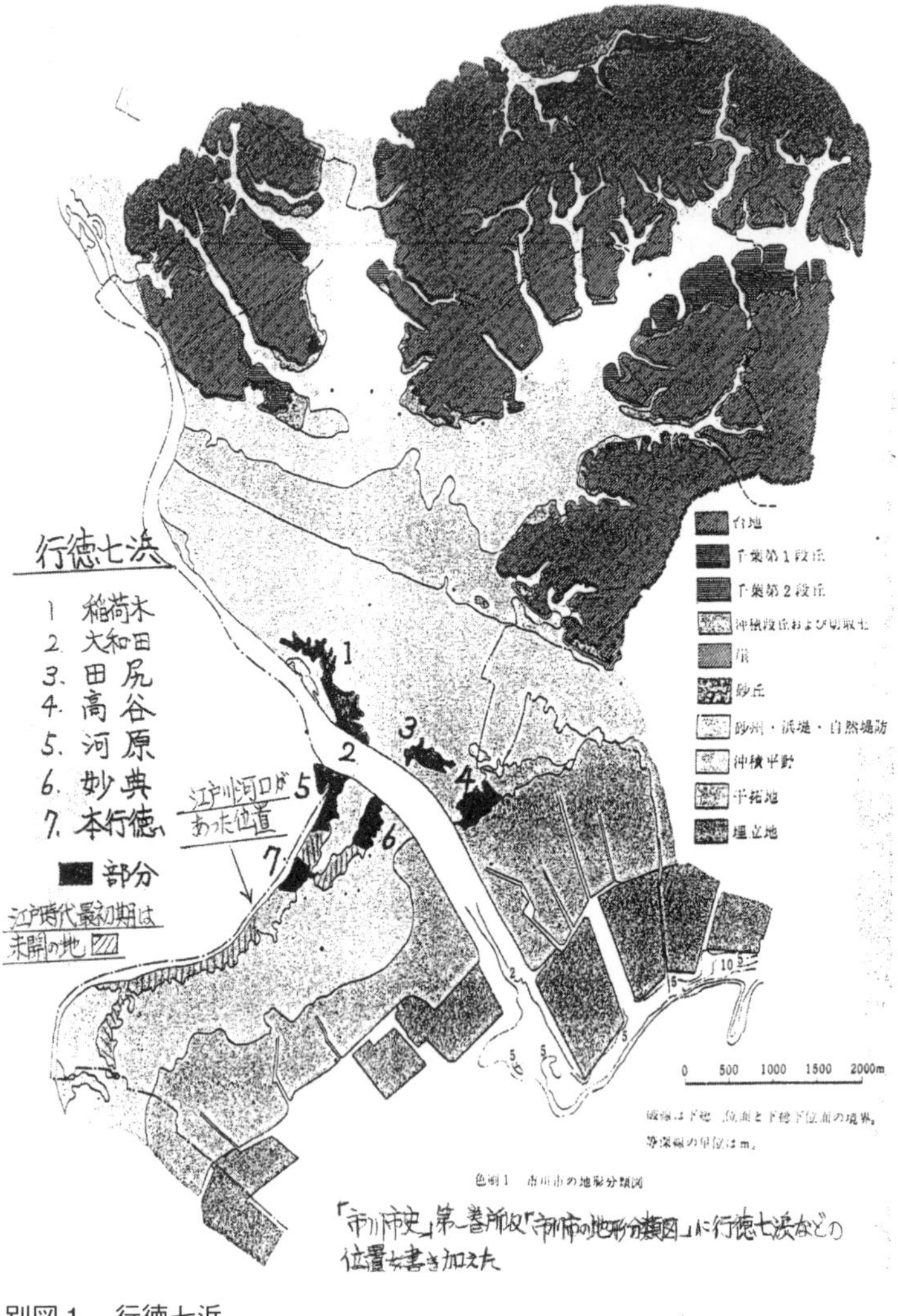
行徳七浜
1 稲荷木
2. 大和田
3. 田尻
4. 高谷
5. 河原
6. 妙典
7. 本行徳
■ 部分
江戸時代最初期は
未開の地 ▨
江戸川河口が
あった位置
台地
下総第1段丘
下総第2段丘
沖積段丘および切取土
崖
砂丘
砂州・浜堤・自然堤防
沖積平野
干拓地
埋立地
0 500 1000 1500 2000m
破線は下総上位面と下総下位面の境界。
等深線の単位はm。
色刷1 市川市の地形分類図
「市川市史」第一巻所収「市川市の地形分類図」に行徳七浜などの
位置を書き加えた

別図1　行徳七浜

お寺さんが建立《こんりゅう》されるということは、人口が増えて産業も発展して経済的にも豊かな人たちが増えたということを意味しています。

元亀《げんき》元年（一五七〇）～天正《てんしょう》十六年（一五八八）までの十九年間にお寺さんが本行徳に九ケ寺も建てられます。他の地域を含めると十三ケ寺です。

別図3を見ましょう。11～14、16、19～21の八ケ寺は権現道沿いに建立されました。22の自性院は本行徳です。日蓮宗五ケ寺、浄土宗三ケ寺、真言宗一ケ寺です。

このように見てくると、塩田開発の地域が徐々に本行徳地域に拡大していることがわかります。寺が建つということは人が増えたということです。徳川家康が行徳を天領にする以前からこのような状況が生じていたわけです。

3　塩焼はいつ頃からしていたのか

『塩浜由緒書《しおはまゆいしょがき》』は、「行徳領塩浜の儀《ぎ》は元来上総国五井《かずさのくにごい》と申す所にて往古より塩を焼き覚え、家業の様にいたし候を、行徳領のもの近国のことゆえ、折節《おりふし》まかりこし、見覚え候……」とし、『塩浜由来書《しおはまゆらいしょ》』では「当領塩浜初発端《はつほったん》の儀は何百年以前に御座《ござ》候哉《そうろうかな》往古の義にて相知り申さず候」とあります。

『江戸名所図会《えどめいしょずえ》』に「この塩浜の権輿《けんよ》は最も久しうして、その始めを知らずといへり……［事跡合考《じせきがっこう》］に云《いわ》く、この地に塩を焼く事は、およそ一千有余年にあまれりと」とあります。

中世、東京都江戸川区、葛飾区一帯は伊勢神宮に寄進された葛西御厨《かさいみくりや》でした。伊勢神宮の内宮《ないくう》を勧請したので伊勢神宮と同神を祀《まつ》っていました。葛西御厨篠崎郷《しのざきごう》の本行徳中洲《なかす》の地にも神明社が祀られていました。行徳七浜の農民たちは神明社の神事に使う塩を焼き、納めていました。行徳塩浜は神明社の御塩浜《みしおはま》であり、江戸川は御手洗川《みたらしがわ》でした。

永万《えいまん》元年（一一六五）三月三十一日の『櫟木文書《くぬぎもんじょ》』に葛西御厨の文字がありますので、平安時代末期には神明社もあったと思われます（『市川市史第五巻 史料（古代・中世）』）。

ですので、行徳での塩焼の始まりは十二世紀にさかのぼると思われます。
また、行徳の地名については『香取文書《かとりもんじょ》』応安五年（一三七二）の文書に「行徳等《ぎょうとくなど》関務《せきむ》」と出るのが確認できる初出《しょしゅつ》ですので、櫟木文書の葛西御厨の記載よりも二百年後の十四世紀の文書になります。
なお、行徳塩浜の農民は、寛永《かんえい》十二年（一六三五）本行徳中洲の地から、現在地の本行徳（一丁目）の地へ神明社を遷座《せんざ》しました。そして、行徳塩浜十五ケ村の総鎮守としました（『葛飾誌略』）。

ではなぜ行徳の農民は塩焼をしたのでしょうか。一つには米を作れるような土地がなかったこと、もう一つは米を作るよりも塩を焼いた方が十～二十倍も儲かったからでした（『塩の日本史』）。

以上の状況が徳川家康が行徳を天領とするまでの様子でしたが、家康は神明社の御塩を焼き、また塩を生活の糧にするという農民の仕事を、「軍用第一」という目的のために活用しました。

4　塩の増産のためにどのような手段を取ったのか

じつは、江戸の人口は増えるばかりでしたので小田原北条氏の時代の行徳七浜の生産高ではとても足りませんでした。この点は家康の参謀たちも十分に心得ていたはずです。

そこで、①塩の生産量を増やすために年貢を免除して増産するようにしむけました（『塩浜由来書』）。②海水の塩分が薄かったので江戸川の流れを浦安の方向へ変えて塩焼が可能な「塩浜」をさらに増やす計画を実行しました。

①については徳川家康が没するまでにある程度成功しました。

②については徳川家康が死んだ後も工事が続けられ、寛永二年（一六二五）頃に江戸川の変流工事が完成したと言われます（『葛飾風土史 川と村と人』）。

②については、本行徳と湊の間を流れていた江戸川河口（川幅約五〇〇メートル）を締め切って浦安方向へ流したのです。締切り堤防跡地が現代まで残っていて長山《ながやま》とか高畑《たかっぱたけ》と呼ばれていた土地があります。

徳川家康とその参謀たちは行徳塩浜を大規模に開発することに成功して現在の行徳地域の基礎を築いたと言ってもいいでしょう。

5　徳川家康が行徳を天領とした時、すでに寺町はほぼ出来上がっていた

本行徳のお寺さんについてお話ししたいと思います。

家康が来た時に本行徳村にあったお寺さんは、妙頂寺《みょうちょうじ》、妙応寺《みょうおうじ》、妙覚寺《みょうかくじ》、正讃寺《しょうさんじ》、本久寺《ほんきゅうじ》、本応寺《ほんおうじ》、円頓寺《えんとんじ》（以上、七ケ寺日蓮宗）、法泉寺《ほうせんじ》、信楽寺《しんぎょうじ》、教善寺《きょうぜんじ》（以上、三ケ寺浄土宗）、自性院《じしょういん》（真言宗）の十一ケ寺です。権現道《ごんげんみち》沿いに七ケ寺、現代の寺町通り沿いに三ケ寺でした。

> じつは、本行徳村には金剛院《こんごういん》（真言宗）、長松寺《ちょうしょうじ》（臨済宗）、神明社などがすでにあったのですが、今は江戸川向こうの東京都江戸川区東篠崎町になってしまっている昔の地名では本行徳中洲という場所にあったわけです。これらの神社仏閣は江戸時代になって本行徳の現在地へ移転するわけです。ですから家康が天領とした最初の頃は

現在の本行徳という場所にはなかったわけです。
本行徳中洲は本来のもともとの行徳だったわけです。行徳の本地ということです。「行徳という土地」が現在の本行徳地域へ移されたのは元亀《げんき》元年（一五七〇）という年（『現代語訳 成田参詣記』）です。

6　徳川家康が死ぬまでの間に本行徳に許可したお寺さんはいくつか

家康は七十五歳で死にます。元和《げんな》二年（一六一六）という年の四月です。

家康の時代に本行徳で許可されたのは、浄土宗としては徳願寺《とくがんじ》の一ケ寺、日蓮宗が常《じょう》妙寺《みょうじ》、常運寺《じょううんじ》の二ケ寺、浄土真宗法善寺の一ケ寺です。意外と少ないのです（この時代は現在の本塩は本行徳村）。近隣の村としては下新宿村《しもしんしゅくむら》に浄土宗浄林寺《じょうりんじ》と大徳寺《だいとくじ》が建立されました。

7　浄閑寺さんのプロフィール

浄土宗飯沢山浄閑寺《じょうかんじ》　千葉県市川市本行徳二三番三四号

東京・芝、大本山増上寺末。開基鎮誉上人《ちんよしょうにん》。寛永《かんえい》三丙寅年《ひのえとらのとし》（一六二六）建立。観世音札所十五番目安置（『葛飾誌略』）。本尊阿弥陀如来《あみだにょらい》。

御詠歌　「こけの露かゞやく庭の浄がんじ　るりのいさごのひかりなりけり」（『葛飾記』）

「一筋に後の世願う人はただ　浄閑《きよきしずかな》てらにとどまる」（『雙輪寺文書』）

「寛永三寅年鎮誉一公和尚代、御支配御代官、伊奈半一郎殿、行徳領残らず縄入れのみぎり、観音堂敷地ならびに寺敷地その外大藪《おおやぶ》抱《かか》え地残らず大門二間幅通《だいもんにけんはばとお》り御縄御免《おなわごめん》、御除地《おのぞきち》に成し下し置かされ有難き仕合せに存じ奉り、云々」（『千葉県浄土宗寺院誌』）

ここで「大門二間幅通り」というのは行徳街道からの参道のことです。寛永六年（一六二九）に塩浜検地（古検）がされた時に「御縄御免」とされて年貢を納めなくてもよい土地と認められたということです。

浄閑寺では成田不動尊の出開帳《でかいちょう》も開催されました。『葛飾誌略』に「寛政元酉年《かんせいがんとりのとし》（一七八九）の事なり。これ深川よりお帰りの節なり。七昼夜開扉《かいひ》あり。この時、川原村《かわらむら》より相《あい》の川《かわ》までの村々残らず大幟《おおのぼり》を持ち、若々衆思い思いの揃い衣にて、お迎えに出でたり」とある。

笹屋《ささや》の祖飯塚三郎右衛門（寛永十三年〈一六三六〉没）は浄閑寺の大檀那《おおだんな》。一六八五年以後は笹屋仁兵衛の名を代々襲名（『仮名垣魯文の成田道中記』）。

《名号石》四方六面、高さ一丈ばかり。「南無阿弥陀仏《なむあみだぶつ》」「地獄《じごく》、餓鬼《がき》、畜生《ちくしょう》、修羅《しゅら》、人《じん》道《どう》、天道《てんどう》」。以上は「迷界《めいかい》」で六道と言い、六観音、六地蔵はこれに由来する。

《六地蔵》明暦《めいれき》の大火（一六五七年の振袖火事）供養。

《万霊塔》慶安《けいあん》三年（一六五〇）建立。

《延命地蔵》慶安四年（一六五一）建立（『明解 行徳の歴史大事典』）。

浄閑寺さんについて本日の講演に最も関係する項目は建立年月日です。寛永三年（一六二六）という年に注目していただきたいと思います。

じつは本行徳村におけるお寺さんの建立は浄閑寺さんが最後になります。以後、お寺さんの建立は途絶えます。

途絶えた理由は史料としては書かれたものが何もないのですが、私の考察としては、塩焼という産業の発展が頭打ちとなって、これ以上の人口増とか収入増とかが望めなくなったという背景があったのではないかと思います。

もう一つは徳川幕府の江戸川変流工事が前年の寛永二年（一六二五）に竣工していることとの関連としまして、お坊さんによる竣工祝賀の意味を込めた寺院の創建願いが受理されたものと思います。

徳川家康の菩提所《ぼだいしょ》である芝増上寺《しばぞうじょうじ》の末寺であるという点も根拠の一つです。

この点については変流工事前は対岸に位置していた湊村に工事完成と同年の寛永二年に浄土宗善照寺《ぜんしょうじ》さんが建立されていまして、このお寺さんも増上寺末寺なわけです。南行徳地域でのお寺さんの建立も善照寺さんが最後です。以後はありません。

以上の浄閑寺さんと善照寺さんの建立年についての考察は本日の主テーマではありませんので以上の指摘にとどめます。

参考文献

『葛飾記』
『葛飾誌略』
『塩浜由緒書』
『塩浜由来書』
『千葉県浄土宗寺院誌』
『仮名垣魯文の成田道中記』
『明解 行徳の歴史大事典』
『郷土読本 行徳の歴史・文化の探訪1』
『詳解 行徳歴史年表』
『「葛飾記」の世界』
『「葛飾誌略」の世界』
『市川市史第五巻　史料（古代・中世）』
『塩の日本史』
『葛飾風土史 川と村と人』
『現代語訳 成田参詣記』

参考文献

『市川市史』第一巻、第二巻、第五巻、第六巻上　市川市史編纂委員会編　吉川弘文館
『市川市史年表』市川市史編纂委員会編　吉川弘文館
市川市石造文化財調査報告書『市川市の石造物』市立市川歴史博物館
平成二十年十月十九日発行
『郷土読本 市川の歴史を尋ねて』市川市教育委員会　一九八八年三月二十日発行
『行徳レポート　その（1）—年表・絵地図集—』市立市川歴史博物館
一九八九年三月十二日発行
『市川市字名集覧』市川市教育委員会　一九七三年一月発行
『房総叢書』（第六巻）所収『葛飾誌略』房総叢書刊行会　一九四一年十一月十日発行
『燕石十種』（第五巻）所収『葛飾記』岩本活東子編　中央公論社

一九八〇年五月三十日発行
『浦安町誌 上』 浦安町誌編纂委員会編集　一九六九年十二月一日発行
『明解 行徳の歴史大事典』 鈴木和明著　文芸社　二〇〇五年三月十五日発行
『行徳郷土史事典』 鈴木和明著　文芸社　二〇〇三年十一月十五日発行
『行徳歴史街道』 鈴木和明著　文芸社　二〇〇四年七月十五日発行
『行徳歴史街道2』 鈴木和明著　文芸社　二〇〇六年十二月十五日発行
『行徳歴史街道4』 鈴木和明著　文芸社　二〇一三年四月十五日発行
『郷土読本 行徳 塩焼の郷を訪ねて』 鈴木和明著　文芸社　二〇一四年一月十五日発行
『郷土読本 行徳の歴史・文化の探訪1』 鈴木和明著　文芸社　二〇一四年七月十五日発行
『「勝鹿図志手くりふね」の世界』 鈴木和明著　文芸社　二〇一六年十一月十五日発行
『行徳 歴史の扉』 鈴木和明著　文芸社　二〇一七年十一月十五日発行
『詳解 行徳歴史年表』 鈴木和明著　文芸社　二〇一八年九月十五日発行
『「葛飾記」の世界』 鈴木和明著　文芸社　二〇一五年十一月十五日発行
『「葛飾誌略」の世界』 鈴木和明著　文芸社　二〇一五年四月十五日発行
『千葉県東葛飾郡誌』（復刻版） 千秋社　一九八八年十月五日発行

『よみがえれ新浜』行徳野鳥観察舎友の会　一九八六年四月一日発行
『葛飾風土史 川と村と人』遠藤正道著　明光企画　一九七八年三月二十二日発行
『浦の曙』遠藤正道著　飯塚書房　一九八二年一月十日発行
『ぎょうとく昔語り』行徳昔話の会　二〇〇〇年十一月十五日発行
『市川の伝承民話』市川民話の会編集　市川市教育委員会発行
一九八〇年三月三十一日〜一九九九年二月二十日発行
『葛西志』三島政行著　国書刊行会　昭和四十六年八月十五日発行
『武江年表』斉藤月岑著　金子光晴校訂　平凡社　一九六八年七月二十六日発行
『行徳物語』宮崎長蔵・綿貫喜郎共著　市川新聞社　一九七七年十月十五日発行
『江戸川区史』第一巻　江戸川区　一九七六年三月十五日発行
『江戸川区の史跡と名所』江戸川区教育委員会編集発行　二〇〇〇年十一月発行
『古文書にみる江戸時代の村とくらし　②街道と水運』江戸川区教育委員会
一九九一年三月三十一日発行
『江戸川区史跡散歩』内田定夫著　学生社　一九九二年六月二十日発行
『成田市史』成田市史編さん委員会

『成田山新勝寺』大野政治著　一九八一年五月二十日第二刷発行
『現代語訳 成田参詣記』大本山成田山新勝寺成田山仏教研究所
平成十年四月二十八日発行
『江戸名所図会・下』原田幹校訂　人物往来社　昭和四十二年五月一日発行
『遊歴雑記初編　一』朝倉治彦校訂　平凡社　一九八九年四月十七日発行
『英国貴族の見た明治日本』Ａ・Ｂ・ミットフォード著／長岡祥三訳　新人物往来社
昭和六十一年七月十日発行
『七番日記』（『一茶全集』第三巻句帖Ⅱ）信濃教育会　信濃毎日新聞社
一九七六年十二月三十日発行
『寛政三年紀行』（『一茶全集』第五巻）信濃毎日新聞社　昭和五十三年十一月三十日発行
『仮名垣魯文の成田道中記』鶴岡節雄校注　千秋社　昭和五十五年八月五日発行
千葉県史料近世編『伊能忠敬測量日記　二』千葉県　一九八八年三月三十日発行
『伊能忠敬測量日記　第一巻』佐久間達夫校訂　大空社　一九八八年六月三十日発行
『忠敬と伊能図』伊能忠敬研究会編集　一九九八年九月二十五日発行
『葛飾北斎伝』飯島虚心著　岩波文庫　一九九九年八月十八日発行

『四千万歩の男』井上ひさし著　講談社　一九九八年十一月十五日発行
『広辞苑』（第四版）新村出編　岩波書店　一九九一年十一月十五日発行
『千葉県浄土宗寺院誌』（昭和五十七年刊）
『塩の日本史』廣山堯道著　雄山閣出版　一九九七年七月五日発行

あとがき

車で旧行徳街道の本行徳の町を走り、十年という時間の単位で見ますと、いろいろな変化に気づきます。

まず、気づいたことはバス通り沿いの商店が店じまいした跡地にコインパーキングができたことです。本行徳地域へ用事があった時など駐車スペースがなくていつも困っていたのでした。史跡探訪の時などはとても重宝して利用させていただいています。パーキングについては妙典地域も徐々に増えました。

常夜灯《じょうやとう》公園は整備されたことが知られるようになりました。これはとても良い整備だったと思いました。それとともに護岸の整備事業も着々と進められているように見受けます。地震や津波、洪水、高潮対策として成果が期待できると思います。

江戸時代からの老舗《しにせ》だった神輿店《みこしてん》が店仕舞いして寂しい思いをしていましたが、跡地利用の計画が動き出して、二〇一八年七月一日に市川市行徳ふれあい伝承館として資料館と休憩処《おやすみどころ》が開所し、七月二十一日にオープンセレモニーが盛大に執り行われました。史跡探訪の本行徳の拠点となることでしょう。

これらの事柄には様々な方たちが関わっておられて、遅々として進まないように見えても十年という単位で見ますと変化がわかります。

私などは何かとせっかちで気が短くてすぐに「カタチ」にしたくなることがしばしばあります。

本行徳のことを考えて力を尽くすということは、ある意味、全くの奉仕活動だと思います。関わっておられる方々の熱意と努力には頭が下がります。

文化というものはお金がかかります。まず赤字で黒字になるなどということは絶対と言っていいほどありません。ですから個人のレベルで文化と言いますと趣味の段階を通り越しています。また、文化には人々の「チカラ」が必要です。それと年月がかかります。

こうして多くの方々によって行徳の歴史というものが作られていくのでしょう。

私はいつも司法書士試験の時の二次試験の口述試験に臨んだ時のような心境で講演に臨んでいます。講演はいつも私にとってのテストの場であり、知識をどのように噛み砕いて皆さんと共有できるものにするかが私の課題です。ですから、講演のたびに私が進歩していることを実感できる時はこの上ない幸せに感じるのです。

そのようなたくさんの場を与えていただいた主催者の皆さん方にいつもありがたく感謝しています。

このたびは行徳寺のまち回遊展が第十回で終了したことを知りました。物事には始まりがあり、そして、終わりがあります。本行徳地域に大きな影響を与えた回遊展が終了するにあたり、関係者の皆様方の努力と功績に対しまして感謝申し上げますとともに、惜しみない讃辞を贈りたいと思います。ありがとうございました。

二〇一九年四月吉日

鈴木和明

し

す

せ

か

き

索　引

著者プロフィール

鈴木 和明（すずき かずあき）

1941年、千葉県市川市に生まれる。

南行徳小学校、南行徳中学校を経て東京都立上野高等学校通信制を卒業。

1983年、司法書士試験、行政書士試験に合格。翌1984年、司法書士事務所を開設。

1999年、執筆活動を始める。

南行徳中学校PTA会長を2期務める。新井自治会長を務める。

市川博物館友の会会員。2016年3月末まで新井熊野神社氏子総代を務める。

趣味：読書、釣り、将棋（初段）

著書に『おばばと一郎1～4』『行徳郷土史事典』『明解 行徳の歴史大事典』『行徳歴史街道1～5』『郷土読本 行徳 塩焼の郷を訪ねて』『郷土読本 行徳の歴史・文化の探訪1～2』『「葛飾誌略」の世界』『「葛飾記」の世界』『「勝鹿図志手くりふね」の世界』『行徳の文学』『行徳歴史の扉』『詳解 行徳歴史年表』『僕らはハゼっ子』『江戸前のハゼ釣り上達法』『天狗のハゼ釣り談義』『ハゼと勝負する』『HERA100　本気でヘラと勝負する』（以上、文芸社刊）『20人の新鋭作家によるはじめての出版物語』（共著、文芸社刊）などがある。

http://www.s-kazuaki.com

郷土読本　行徳の歴史・文化の探訪 3

2019年6月15日　初版第1刷発行

著　者　鈴木 和明
発行者　瓜谷 綱延
発行所　株式会社文芸社
〒160-0022　東京都新宿区新宿1－10－1
電話　03-5369-3060（代表）
03-5369-2299（販売）

印刷所　株式会社フクイン

ISBN978-4-286-20603-5

鈴木和明著既刊本　好評発売中！

『僕らはハゼっ子』

ハゼ釣り名人の著者が、ハゼの楽園江戸川の自然への愛情と、釣りの奥義を愉快に綴ったエッセイ集。

四六判 88 頁
定価 864 円（税込み）

『江戸前のハゼ釣り上達法』

江戸川でハゼを釣ること 16 年。1 日 1000 尾釣りを目標とし、自他ともに認める“ハゼ釣り名人”がその極意を披露。ハゼ釣りの奥義とエピソードが満載！

四六判 196 頁
定価 1,404 円（税込み）

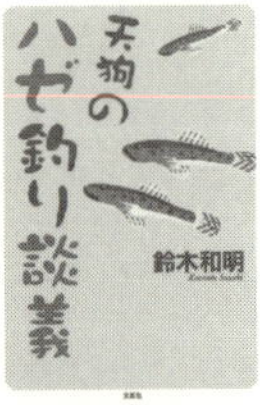

『天狗のハゼ釣り談義』

自分に合った釣り方を開拓して、きわめてほしいという思いをこめ、ハゼ釣り名人による極意と創意工夫がちりばめられた釣りエッセイ。釣り人の数だけ釣り方がある。オンリーワン釣法でめざせ 1 日 1000 尾 !!

四六判 270 頁
定価 1,512 円（税込み）

『ハゼと勝負する』

1 日 1000 尾以上を連続 22 回達成。限られた釣りポイントでも、釣り師にとって、日々変化する環境に対応して生きるハゼを、どのような釣技でとらえていくのか。その神がかり的釣果の記録をまとめた一冊。

四六判 200 頁
定価 1,296 円（税込み）

『HERA100　本気でヘラと勝負する』

テクニックを追求すればキリがないほど奥の深いヘラブナ釣り。1 日 100 枚。常識を超えた釣果の壁を破る！　釣果を期待したい人はもちろん、幅広い釣り人の要求に応えるコツが満載の痛快釣りエッセイ。

四六判 298 頁
定価 1,512 円（税込み）